완벽한 정신통일, 심기일전의 현대 레포츠❗

현대 양궁교본

현대레저연구회 편

太乙出版社

▲ 세계 처음으로 1300점의 벽을 깬 다랄·페이스(아메리카)

▲ 신인으로서 몬트리올 올림픽 여자 금메달 리스트가 된 루안·라이안(O-메리카)

▲ 몬트리올 올림픽 화살 뽑는 풍경

▲ 자신의 화살을 확인하는 라이안 선수

▲ 휴식중에도 고무줄을 사용한 트레이닝과 정신집중을 하고 있는 올림픽 선수

완벽한 정신통일, 심기일전의 현대 레포츠!

현대 양궁교본

현대레저연구회편

太乙出版社

첫머리에 *

인생의 과녁을 겨냥하듯
활쏘기를 즐기자

 요즘들어 부쩍 활쏘기에 관한 관심이 드높아져 가고 있다. 그 가장 큰 이유 중의 하나는, 지난 로스엔젤러스 올림픽 때 우리의 서향순 양이 영광의 금메달을 조국의 품에 안겨주었기 때문일 것이다.
 양궁은 누구든지 배울 수 있고, 또한 가벼운 마음으로 즐길 수 있는 심신단련의 구도이자 스포츠이다. 일반적인 구기 종목의 스포츠가 건장한 체력을 전제로 하지 않으면 안된다는 데에 반하여, 양궁은 그러한 신체적인 제약을 갖지 않기 때문에 남녀노소 누구나가 다 쉽게 배우고 익힐 수가 있다.
 물론 연령차를 두지 않고 누구나 다 즐길 수 있는 스포츠로서는 탁구나 보울링 등을 들 수가 있다. 그러나 이러한 스포츠는 실내에서 해야 하기 때문에 약간 답답한 느낌을 줄 때가 있다. 자기 자신의 힘에 알맞게 스스로를 콘트롤해 가면서 마음껏 활시위를 당길 수 있는 양궁(활쏘기)이야말로, 실외에서 행할 수 있는 가장 멋진 스포츠가 아닌가 한다.
 모든 스포츠가 다 그렇듯이, 양궁에 있어서도 가장 중요한 것은 그 마음가짐이다. 먼저 마음이 잡힌 후에라야만이 몸자세가 가다듬어질 수가 있는 것이다. 자세가 흐트러지면 결코 과녁을 명중시킬 수가 없다. 올바른 폼을 가질 수 있을 때, 비로소 과녁을 향한 명중율도 높아진다.
 이 책은, 아직 양궁에 대한 지식이 없거나 또는 부족한 초보자들의 지침서로써 간들어졌다. 입문에서부터 올림픽 금메달에 다가가는 실력을 함양할 수 있는 경지까지를 목표로 하여 이 책은 기획되고 편집되어졌다.

이론과 실제를 겸하여 자기의 실력으로 만들어 간다면 누구나 다 멋진 양궁의 진수를 즐길 수 있을 것이다. 자신의 인생의 과녁에 자신의 정열을 투여하듯이, 눈앞의 과녁을 향해 힘껏 활시위를 당겨보자.

편 자 씀

차 례 *

*첫머리에 / 인생의 과녁을 겨냥하듯 활쏘기를 즐기자···· 7

1. 양궁에 대하여
양궁(ARCHERY)의 역사······························12
양궁(ARCHERY)이란·······························24

2. 양궁의 용구(用具)
활에 대해서····································40
활과 화살에 대한 여러가지 상식··················68
활과 화살 이외의 도구(道具)·····················71

3. 양궁을 배우자
용구를 준비하자································80
바른 현 치는 방법과 푸는 방법··················80
양궁의 연습을 하자····························84

4. 양궁의 기본 기술
기본 기술······································94

5. 양궁선수를 목표로
톱 양궁선수란································132
기초체력의 양성······························134

＊차 례

기본적인 연습……………………………………………… *136*
톱 양궁선수의 트레이닝………………………………… *146*
용구(用具)의 점검………………………………………… *153*
멘탈 콘트롤………………………………………………… *154*
경기대회에 있어서의 여러 주의……………………… *158*

6. 양궁의 경기종목과 활터

양궁의 경기종목과 룰…………………………………… *162*
타켓 경기(FIFA 라운드)………………………………… *162*
필드 경기…………………………………………………… *172*
필드 경기에서 알아두어야 할 것……………………… *190*
크라우트 경기……………………………………………… *209*
후라이트 경기……………………………………………… *209*

1
양궁에 대하여

양궁(ARCHERY)의 역사

● 활, 화살은 언제 발명되었는가

　활이 언제부터, 어디에서 사용되기 시작했는지는 확실하지 않지만, 고고학자들에 의하면, 원시나 직립 원인들은 활 화살의 사용을 몰랐다고 한다.
　대영(大英) 백과사전에 의하면, 인류가 창이나 활을 발명한 것은 아마 후기 구석기 시대(1~2만 년 전)일 것이라고 되어 있다. 이것은, 화살촉 외에 프랑스 남부나 스페인의 카스테론주의 산악 지대에서 발견된 동굴 벽화로부터 알 수 있다.
　이들 그림은 이상하게도, 사람의 눈에 띄지 않는 동굴 속에서도, 가장 깊은 곳, 또는 바위 금간 곳에서 발견되는 것으로 보아, 종교적인 의미를 가지고 있는 것으로 보인다.
　활과 화살의 발명은, 인류의 역사에 있어서 문화 향상을 나타내는 것이며, 불의 발견이나 글자의 발달과 함께 인류의 생존과 번영에 큰 역할을 했다. 활과 화살의 발명에 의해 맘모스, 사슴, 소, 생선에 이르기까지 동물을 잡는 기술이 비약적으로 진보되었고, 그것에 의해 인간이 야생 상태에서 벗어날 수 있었던 것이다. 그리고 활과 화살은 짐승을 잡는 것 뿐만 아니라, 드디어 고대 인류의 싸움에서의 무기로써 필요하게 되었다. 이집트인이 일찌기 그들을 정복한 페르시아인을 쫓아낼 때의 주요 무기도 활과 화살이었다고 하며, 이후 16세기에 철포가 출현할 때까지 전쟁의 무기로써 급격하게 보급되었다.
　중세에 있어서도 영국, 프랑스의 역사적 전쟁 중 활과 화살의 무기에 의해 승리를 거둔 전쟁 기록도 많이 볼 수 있다. 철포의 보급과 함께 활과 화살의 무기로써의 가치는 옅어져 갔으며, 드디어 무기로써는 완전히 사용되지 않게 되었다.

● 활의 종류와 발달

　오스트레일리아나 타스마니아의 일부에 활을 모르는 민족이 있었다고 하지만, 오스트레일리아에도 원주민이 두발 속에 독화살을 넣고 걸으며, 그것을 쏠 때 사용하는 길이 1피이트 정도의 적은 무기가 발견되어 있다.
　이와 같이, 전세계의 모든 민족이 그 풍토와 환경에 따라 활과 화살

인디안의 활

활 화살을 무기로써 싸우는 영국군과 프랑스군

을 이용하고, 각각 특징이 있는 활을 만들어 현재에 이르고 있다. 그들 활을 크게 나누어 보면,

- 메디타레이니안형 (지중해 방식)
- 몽고리안형 (몽고 방식)
- 핀치형 (원주민의 활)

이 된다.

또 사법(射法)도 다음과 같이 나눌 수 있다.

① 손가락 당기기(Finger Draw)······3∼4개의 손가락으로 당기고, 엄지는 사용하지 않는다. 화살은 활의 왼쪽에 댄다 (메디타레이니안형).

② 엄지 당기기(Thumb Draw)······이것은 엄지를 현에 걸어, 다른 손가락(인지, 중지, 약지)을 붙여 당기는 사법(射法). 화살은 활의 오른쪽에 댄다 (몽고리안형).

③ 집어 당기기(Pinch Draw)······엄지와 인지로 집어 당기는 사법 (射法) (원주민의 활).

양궁은 영국, 프랑스를 중심으로 한 메디타레이니안형에서 발전한 것이며, 현재는 인지, 중지, 약지 3개를 사용하여 당기고, 화살은 활의 왼쪽에 댄다.

몽고리안 활을 당기는 영국의 아챠 (보통은 왼손으로 활을 잡기 때문에 화살은 활의 오른쪽에 맞추고, 현은 엄지를 걸어 당긴다).

또 몽고리안형에는, 몽고궁, 한국궁, 중국궁, 일본궁 등이 있고, 화살은 활의 오른쪽에 맞춘다. 특히 한국궁은 장궁(長弓)으로써 아름답고, 한국 궁도로써 현재 점점 발전하고 있다. 그리고 현재 양궁(아체리) 세계 선수권 대회에서는 어느 궁을 사용해도 좋다고 되어 있는데, 적중률이라는 면에서 한국궁도 몬트리올궁도 승부가 되지 않는다.

그 용재도, 처음에는 단궁(単弓 : 환목(丸木)과 같이 1개로 되어 있으며, 현을 튕겨도 젖혀지지 않는다)이었는데, 드디어 끈으로 감고 가죽을 감은 강화궁(強化弓)에서, 동물의 힘줄, 뼈 등을 붙여 만든 합성궁(合成弓)이 생겼고, 그것은 현을 튕기면 C자와 같이 젖혀지기 때문에 만곡궁(湾曲弓)이라고도 한다.

몽고, 토루코의 기마 민족은 이 만곡궁(湾曲弓)이 발달했으며, 전장에서 대활약을 했다. 또 일반적으로 궁의 길이는 단궁이 많고, 유럽 전역, 그리고 아시아에서는 우리나라를 비롯하여 몽고, 중국, 인디안, 그리고 일본에서는 아이누가 이것을 사용했었다.

장궁은 유럽에 있어서는 영국의 장궁이 유명하며, 2m 가까운 것도 있고, 이치이나 레몬 나무로 만든 것이 있으며 백년 전쟁 때는 이것이 대활약 했다. 또 한국궁은 세계적으로 가장 긴 궁으로 현재 7척 3촌(약 2,2m)이 있고, 잡는 위치가 중앙 보다 아래에 있는 것이 특징으로 되어있다.

국궁(国弓)으로 원적(遠的)의 연습을 하는 모습   궁의 예사(礼射)

 현재 양궁의 재료는 더욱 진보하여, 합성궁에서 그라스화이버의 출현에 의해 나무 또는 프라스틱 또는 금속과 그라스화이버를 합성한 복합궁이 있으며, 고도로 정밀한 궁으로 발전해 왔다. 따라서 기원은 메디타레이니안형이지만, 현재에는 용구, 사법(射法) 모두 경기용으로 개선되어 양궁이라고 하기 보다는 국제 궁술이라고 하면 좋다.

● 무기에서 스포츠로
 무기로써 가치가 없어진 활은 일시 쇠퇴했으나, 이번에는 영국을 중심으로 하여 스포츠로써의 가치를 인정받게 되었다. 그중에도 헨리 8세는 굉장한 양궁의 애호가로, 몇 번이나 양궁 대회를 열어 이후 급격하게 양궁이 보급되었다.
 양궁은 또, 아메리카 대륙으로 건너가 영국의 청교도에 의해 아메리카 합중국에 퍼졌다. 1828년에는 필라델피아에서 양궁 그룹이 조직되어, 스포츠로써의 제 1보를 내디뎠다. 그리고 1879년에는 네셔널·양궁(아체리)어소시에이션(NAA)이 창설되어, 현재에는 600만명을 웃도는 양궁 인구를

국궁에 관심을 나타내는 외국인들

왼쪽은 몽고리안의 만곡궁(湾曲弓)
오른쪽은 인디안의 궁

갖게 되었다. 이런 힘에 의해 아메리카는 실력 제일을 자랑하게 되었고, 세계 선수권 대회는 물론, 뮌헨 올림픽도 몬트리올 올림픽도 남녀 모두 금

왼쪽은 영국 고래의 장궁(長弓) — 현을 걸지않으면 거의 직선이 된다 (단궁 : 単弓). 오른쪽은 국궁.

프레드릭氏(영국의 유명한 궁의 수집가)가 손에 든 것은 한국궁. 오른쪽의 것이 영국의 장궁(長弓)

메달에 빛나게 되었다.
 이렇게 하여 유럽은 물론, 몽고리안궁을 사용하고 있는 몽고도, 한국궁을 애호하고 있던 우리나라에 있어서도, 이 양궁을 새로운 스포츠로써 받아들이게 되었다.

세계에서 가장 길고 아름답다고 일컬어지고 있는 국궁. 그립이 중앙 보다 아래에 있는 것이 특징.

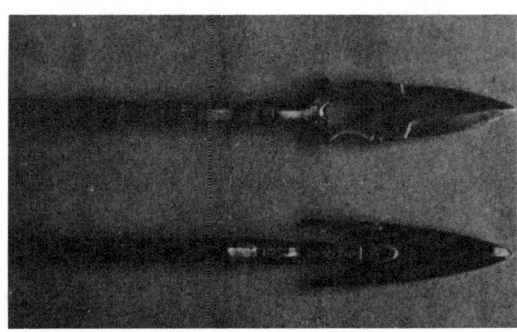

인디안의 화살

몬트리올 올림픽 선수들

제 24회 세계 선수권 우승자, 레이·로져스 선수

FITA의 와펜(Wappen)

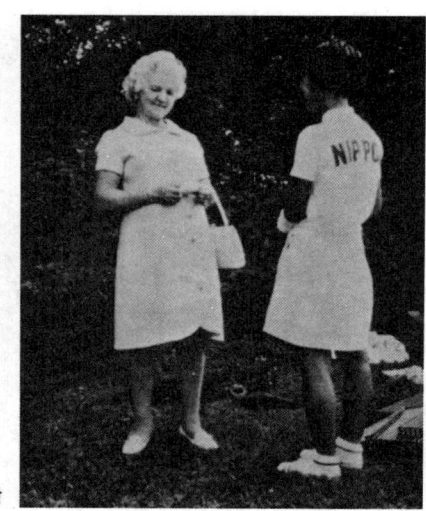

선수와 이야기 하는 히릿츠 FITA 회장

● FITA란

FITA란 국제 양궁 연맹으로, 정식으로는 FEDERATION INTERN-ATIONALE DE TIR A LARC이라고 한다. 1931년에 영국을 중심으로 창립되어, 같은 해 제 1 회 월드 챔피언쉽이 실시되어, 이후 매년 선수권이 실시되는데, 1939년부터 1946년까지 브랭크가 있었다.

1959년 부터 세계 선수권을 2 년에 1 회 실시하게 되었다. 경기 방법은 타켓트의 FITA 라운드로 실시되었다. 또 1969년에는, 제 1 회 필드 선수권 대회도 실시되었고, 이후 타켓트 선수권과 필드 선수권은 같은 해에 실시되게 되어 2 년마다 실시되고 있다.

현재 51개국이 가입되어 있으며, 올림픽 경기도 모두 FITA의 총회 결의에 근거로 하여 실시되고 있다. 뮌헨 올림픽은 타켓트 경기만 실시되었다.

● 올림픽 경기로써의 부활

과거 양궁은 제 4 회 런던 대회(1904년)와 제 7 회 안트웝 대회(1920년)에 올림픽 정식 종목으로써 경기가 실시되었다.

그 이후 오래간만에 올림픽 종목이 되었는데, 52년 만에 뮌헨 올림픽에

올림픽 출장을 목표로 강화 합숙하는 선수들

제 25회 세계 선수권 우승자·하디·워드 선수

뮌헨 올림픽 대회 풍경 (잉글리쉬·가든)

제26회 세계
선수권에서의
선수단 입장
행진

누구라도 손쉽게 즐길 수 있는 양궁   아버지에게 코치받으며 양궁을 즐기는 소년

서 정식 종목이 되었다. 각국의 양궁 인구의 증가와 그 국제성이 인정된 것은 기쁜 일이었다. 쿨은 세계 선수권과 마찬가지로 경기 방법은 타켓 경기만, 단체는 없고 개인 종목으로써 각국 남여 2명이 출장 가능.

또 출장 표준 기록은 남자 1100점, 여자 1050점으로 결정 되었다 (몬트리올은 2명).

● 세계 선수권 대회

세계 선수권 대회는 2년에 한 번씩 실시되고 있으며 FITA 가맹국만 참가할 수 있다. 경기는 개인과 단체가 있으며, 단체는 남여 모두 상위 3명 합계점으로 결정한다. 선수는 남자 4명 여자 4명이 출장 가능하다.

경기는 타켓의 FITA라운드에 의해 실시되며, 4일 간에 걸쳐 더블 라운드(288사(射))를 실시한다. 빗속에서도, 바람이 불어도, 강한 태양이 내리쬐여도, 4일간을 통하여 경기하는 스포츠이다.

1969년 부터 필드 경기의 세계 선수권도 실시되게 되었다. 이 경기는 2일에 걸쳐 필드 라운드와 헌타 라운드를 프리 스타일 부분과 베어 스타일 부분으로 나누어 실시한다.

양궁(ARCHERY)이란?

　양궁(ARCHERY)이란 활에 화살을 맞추어 날려보내는, 매우 쉬운 스포츠의 하나이다.
　그러나 능숙해지기까지는 예측할 수 없는 곤란한 상황도 있고, 입구는 넓으나 점점 들어갈수록 그 깊이가 깊은 스포츠이다. 밝게, 즐겁게, 누구라도 손쉽게 친해질 수 있는 동시에, 반면, 능숙해지는데는 고도의 기술과 체력과 정신력을 필요로 하는 것이다.

● 생애의 친구 양궁(ARCHERY)
　1969년 세계 선수권 우승자는 19세의 하디·워드였는데 2위는 15세의 소년 윌리암스였다. 또 1971년 세계 선수권 여자 챔피언은 33세, 2위 윌버 선수, 3위의 마싱스카 선수는 40세를 넘은 고령이었으며, 남자도 아메리카의 대표 스론톤 선수는 54세였다.
　이것을 보아도 알 수 있듯이, 양궁만큼 연령 차를 느끼지 않고 소년부터 노인까지 모든 연령층의 사람이 친숙하게, 게다가 대등한 경기가 가능하고, 과격하지 않은 스포츠이기 때문에 생애를 통하여 즐길 수가 있는 스포츠인 것이다.
　60세를 넘은 어떤 의사는, 체력의 쇠약을 느껴 무엇인가 스포츠를 해야겠다고 생각하여, 양궁을 시작, 매일 연습하여 젊은 선수를 이길 수 있을 정도의 기록을 내게 되었다. 이후 하루에 한 번 활을 잡지 않으면 기분이 이상할 정도로 활이 생활의 일부가 되었고, 건강도 증진되어, 참으로 활을 시작하기 잘 했다고 말하고 있다.
　'활을 쏘지 않겠읍니까?' 하고 말하면 많은 사람은 '팔의 힘이 약하기 때문에 불가능 합니다'라고 말한다. 그러나 활은 팔의 힘이 약해도, 궁의 무게는 단계로 나누어져 있어, 자신이 힘에 따라 활을 사용하면 되는 것이다. 또 계속하여 연습을 하면, 팔의 힘도 강해지게 된다. 활은 누구라도 가능하며, 계절에 상관없고 옥내에서도, 옥외에서도, 가벼운 경비를 들여 생애의 친구로 삼기에 좋은 스포츠라고 할 수 있다.

● 당신도 챔피언이 될 수 있다.
　어떤 스포츠라도 챔피언이 되기 위해서는 피가 나는 노력이 필요하다.

나이는 들었어도 젊은 선수에게 질 수 없다.

팔의 힘은 약해도 자신의 힘에 맞는 활을 사용할 수 있다.

뚱뚱해도 일류 선수가 될 수 있다.

그러나 많은 스포츠는 선천적 능력이 큰 비중을 차지한다.
예를 들면 보통 사람이 일생 노력해도 100m를 10초에 뛸수 없고, 씨름도 유도도 체중이 무거운 사람이 유리하며, 바스켓볼도 키가 큰 사람이 유리하다. 그러나 양궁의 챔피언을 보면, 어른인데도 크거나 뚱뚱하지 않고,

챔피언들 중에는 마른 사람이 많다

남자는 여성적인 마른형의 타입이 많다고 양궁은 체중이나 키 등의 신체적인 핸드캡은 거의 없다고 말해도 좋다.

챔피언에게 필요한 것은 몇 번이건 쏠 때 같은 정도로 당길 수 있는 지구력과 부동의 정신력이다. 그것은 능력이라기 보다는 노력과 훈련에 의해 극복되는 것이다. 이와같이 양궁은 노력의 스포츠이다.

● 하면 즐거운 양궁(洋弓)

양궁(洋弓)은 축구나 야구와 같이 견학하러 오는 사람은 적다. 확실히 외견적으로는 큰 움직임이나 스릴이나 감동은 없는 것 같다. 그러므로 보면서 즐길만한 요소는 적다.

그러나 실제로 활을 시작한 사람은, 하나라도 같게 쏘아지지 않고, 항상

활의 즐거움은 쏴보지 않은 사람은 알 수 없다.

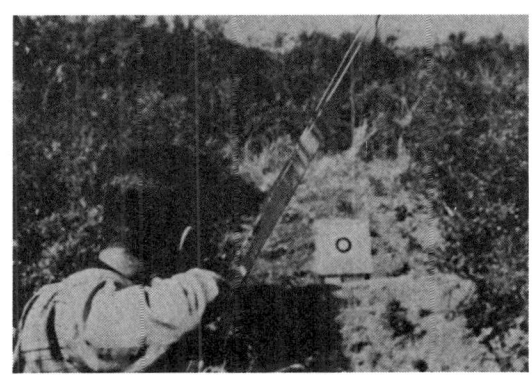

혼자서도 즐길 수 있는 양궁

스릴과 감동에 찬, 실로 깊은 맛이 있는 스포츠라는 것을 알게 된다. 가만히 마음을 가다듬고 과녁을 겨냥하여 마음껏 쏜다. 정(静)에서 동(動)으로의 아름다움, 그리고 자신 혼자의 힘으로 목표를 겨냥하고, 중심에 적중시켰을 때의 즐거움, 그것은 활을 당겨본 사람만이 알 수 있는 것이다.

활은 원시로의 귀의이며, 활은 손에 들고 과녁을 겨냥할 때 현대의 스트레스는 이미 사라져 버릴 것이다. 또 양궁은 개인 스포츠로 상대가 과녁이 되기 때문에 혼자서도 즐길 수 있다.

● 건강한 양궁(洋弓)

양궁을 시작한 다음 위장이 약했던 사람이 치료가 되었고, 어깨에 결림이 있던 사람이 치료되었다는 경우가 상당히 많다.

야외에서 신선한 공기를 마시며, 화살을 잡으러 먼 거리를 걷기 때문에, 다리에도 단련이 된다. 아메리카에서는, 양궁은 여성의 미용에 뛰어난 효과가 있다고 되어있다.

양궁은 육체적으로도 정신적으로도 바른 밸런스를 취할 필요가 있으며, 긴장과 이완의 반동 운동에 의해 혈행은 촉진되고, 내장 여러 기관을 발달시키는 결과가 되는 것이다. 또 바른 자세와 정확함을 추구하는 스포츠이기 때문에, 등줄기는 신전되고, 흉부는 확장되고, 상하 좌우도 균형이 잡힌 바른 자세가 육성된다. 그리고 근육의 신축성, 근력, 지구력을 증진시키고, 정신 기능을 향상시키기 때문에, 기초적인 운동 능력을 높이고, 건전한 신체를 육성시킬 수 있다.

신체 장해자도 핸디캡없이 가능한 스포츠는 양궁 외에는 없다.

● 멘탈 스포츠 양궁

어떤 사람은 양궁 만큼 고독한 스포츠는 없다고 말하고 있다. 그것은 상대가 과녁이고, 그 앞에 서 있을 때, 거기에 있는 것은, 단 자신과 과녁만이 있으며, 어느 누구의 조력을 받을 수 없다. 마치 양궁은 자신과의 싸움인 것이다.

한국궁과 비교해 볼 때, 양궁의 궁구(弓具)가 과학적으로 개량되어 있고, 조준기가 붙어있기는 해도, 그것을 사용하는 것이 인간인 이상, 거기에 정신적 안정이 가장 요구되고 있는 것이다. 다소간의 불안이나 기대나 즐거움도 미스의 원인이 된다. 모든 잡념, 욕망을 버리고, 정신을 집중하

신체 장해자임에도 불구하고 세계 대회 대표 선수가 된 외국 선수

양궁은 자신과의 싸움

여, 신체·정신·활·화살이 혼연일체가 될 때 비로소 바른 훌륭한 화살이 날아간다.

　양궁의 궁극적인 목표는, 단지 맞춘다는 단순한 것이 아닌 자신의 단련과 인간 형성에 있다고 생각한다. 양궁은 시작하기는 쉽고, 능숙해지는 경지에 이르기는 어렵다고 일컬어지는 것과 마찬가지로, 누구라도 어느 정도까지는 들어갈 수가 있으나, 그 이상이 되는 데는 몇 개인가의 벽이 있으며, 아무리 노력해도 진보하지 않는 경우가 있다. 그와같은 때 절망하지 말고, 고통 방황, 그것을 훈련과 반성에 의해 1보 1보 벽을 깨며 나갈 때, 활의 기술 향상 뿐만이 아닌 정신적, 인간적인 진보가 있을 것이다.

또 양궁은 가장 자기 통제를 요구하는 스포츠이기 때문에, 정서의 안정이 절대적이며, 냉정, 자제, 분석, 결단 등의 정신 기능이 양성된다. 따라서, 지금의 양궁은 기능이 힘의 스포츠에서 정신 스포츠가 되어 있다.

● 안전한 경기 양궁(洋弓)

학교, 회사 등에서 그룹이나 활터를 만드는 경우, 양궁은 위험성이 있다고 하여 그것이 문제가 되는 경우가 많다. 물론 일부러 사람에게 대고 쏘거나 하면 매우 위험하다. 그러나 국내에서도, 외국에서도 양궁에 의한 큰 사고는 지금까지 한 건도 없다.

활터는 위험성이 없는 곳에

출산을 일주일 앞에 두고 시합에서
우승한 아메리카 선수.

이 사실이 나타내듯이, 양궁은 안전을 지키는 엄한 룰이 있으며, 앞쪽에 사람이 있으면 절대로 쏘아서는 안되고, 발사 선상에 선 이외에는 활을 당겨서는 안된다. 이 안전성 확보의 룰은 경기에서도 연습에서도 엄하게 지켜지며, 호각의 신호에 의해 일제히 화살을 맞추거나 하는 통일 행동이 이루어지기 때문에, 그런 의미에서 절대 안전한 스포츠인 것이다. 단 과녁의 뒷쪽은 만에 하나라도 화살이 튕기는 경우를 생각하여, 활터에는 반드시 인가가 없으며, 사람도 들어갈 수 없다.

● 양궁(洋弓)의 상해

양궁을 하는 것에 의해 신체를 다치거나 하는 예는 거의 없는데, 단 당기는 손의 손가락이 아프거나 힘줄에 염증이 생기는 경우가 간혹 있다. 이것은 손가락에 생긴 물집이 터져 그 속으로 세균이 침입해서 생긴 결과이다. 이 경우는 급성인 것은 차게, 만성인 경우는 목욕탕에서 잘 맛사지하는 것이 좋다. 이와같은 때는 잠시 활을 쉬고, 완전히 나은 다음 또 당기도록 한다.

● 양궁(洋弓)의 성능은
① 화살은 어느 정도로 나는가

가족이 모여 활을 즐기자.

활쏘기는 아무나 즐길 수 있다.

활을 모르는 사람으로 부터 '화살은 어느 정도로 납니까?' 하고 자주 질문을 받는데, 활의 강도에 따라 나는 거리도 다르다. 보통 활은 나는 거리가 200m~250m정도인데, 후라이트 경기라는 화살을 날리는 경기에서는 세계 최고로 851m라는 기록이 있다.

발사되는 화살의 속도는 초속 50~60m이고 강한 활일수록 속도는 빠르다. 또 관통력은 예상외로 강하여, 가까운 철제 후라이판 등은 뚫어버리며, 사슴 등은 한 발에 쓰러져 버린다.

② 어느 정도 맞는 것일까

이것도 활을 모르는 사람에게서 자주 받게 되는 질문인데, 적중률은 그 사람에 따라, 기술의 차이 의해 달라진다. 누구라도 활을 당기는 것은, 단 활에 화살을 맞추어 날리면 되므로 간단하지만, 과녁 중심에 연속으로 적중시키는 것은 실로 어려운 일이다.

타켓 경기에서는 세계 최고 고점이 1440점 만점에 1341점이다. 볼링에서는 300점 만점의 퍼팩트가 가끔 있으며, 골프에서도 홀인원은 불가능한 것만도 아니다. 그러나 활에 있어서 30m 36사(射)만에서도 세계에서 단 한명도 퍼팩트 360점을 낸 사람은 없다. 그만큼 어려운 요소가 있으며, 이 퍼팩트에 어디까지는 인간이 가까워질 수 있는가가 지금 양궁과 인간과의 싸움이 되어 있다.

30m 세계 최고 고점은 356점(360점 만점)이며, 354점을 36사(射)로 나누면 9.88점에 해당한다. 10점은 직경 8cm의 원이기 때문에, 하이라이트 정도의 크기의 것은 30m 정도는 거의 마칠 수 있다는 계산이 된다.

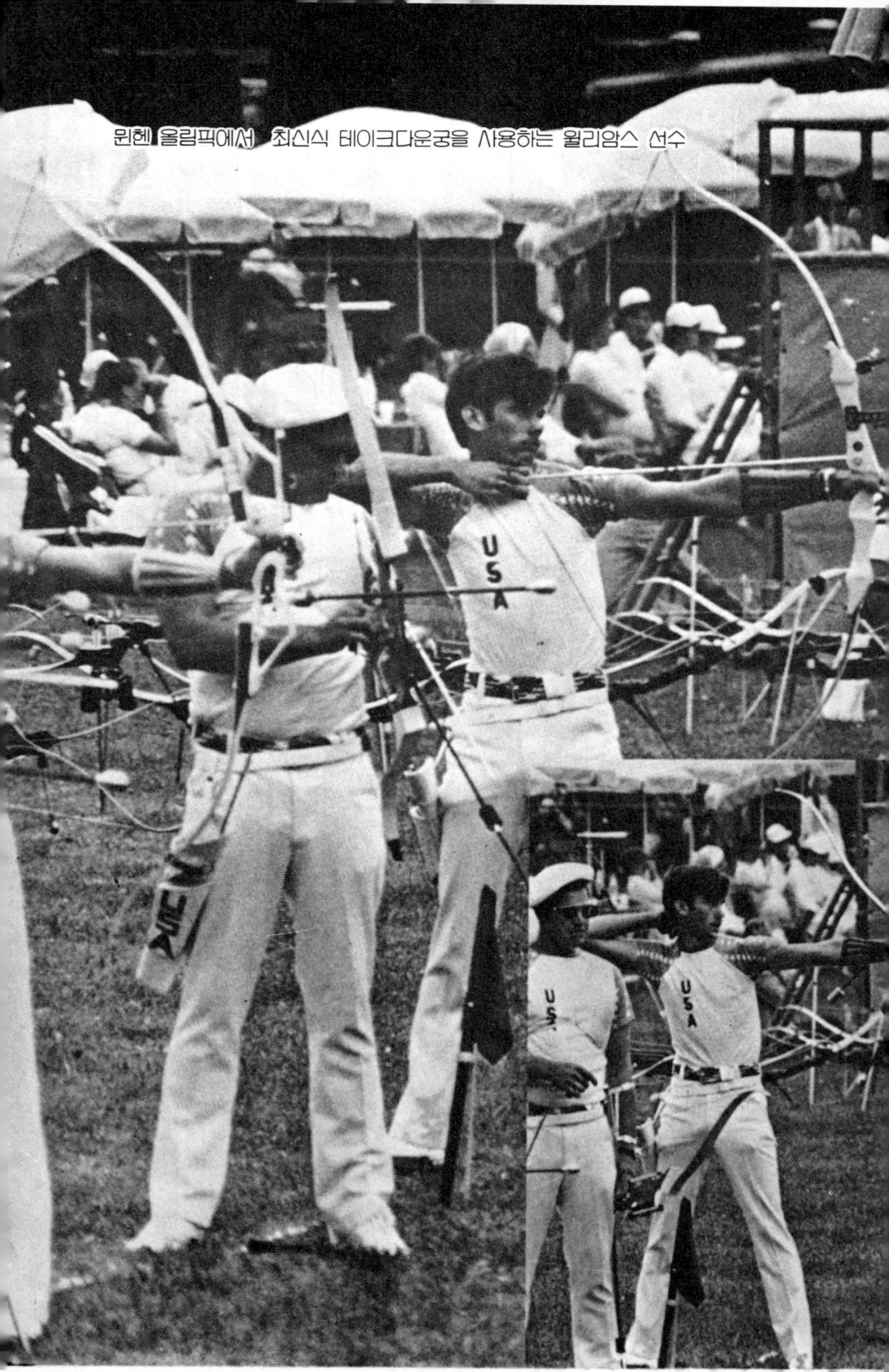

뮌헨 올림픽에서 최신식 테이크다운궁을 사용하는 윌리암스 선수

대만 올림픽 대표 선수

● 앞으로의 양궁(洋弓)

최근 급속도로 양궁(洋弓) 인구가 증가하고 있는데, 이것은 몇만 년 전에 활과 화살을 사용하여 짐승을 잡아온 인류의 핏속에, 활과 화살을 잡고 싶어하는 충동이 있기 때문일 것이다. 어린이들도 활을 보면 '와아! 활이다. 쏴보고 싶다' 하며 눈을 반짝인다. 그리고 자신이 겨냥하여, 과녁의 중심을 쏠 때의 두근거림, 환희, 감동 등은, 스트레스에 고통받는 현대인에게 있어서 필요한 것임에 틀림없다.

사실 아메리카는 각 가정에 활과 화살이 대부분 있으며, 양궁 인구도 모두 600만을 넘고 있다고 한다. 우리나라에서도 20년 사이에 고등학교를 비롯한 대학 그룹만해도 많이 불어났으며, 각도에서도 급격하게 양궁 애호가가 증가하고 있다.

이것에는 양궁이 갖는 다수의 특징, 그중에서도 다른 스포츠에 비해 능숙해지는데 오래 걸리지 않는다는 점을 들 수 있다. 몬트리올 올림픽 대표선수 중에는 14세의 선수도 끼어있는데, 그는 겨우 2년의 캐리어였다. 이와같이 기초를 착실하게 쌓아 노력하면, 2~3년으로 톱 레벨에 도달할 수 있는 것이다.

게다가 올림픽 종목이 되어 있으므로, 양궁에 목표와 꿈이 있는 것이다.

세계 선수권 대회에서 사인을 해주고 있는 선수

 세계 각국에서도 양궁은 점점 성행하고 있으며, 강대국들도 전력을 기울여 양궁에 힘을 쏟고 있다.
 궁구(弓具)도 그라스화이버의 출현에 의해 과학적으로 적중성이 향상되었다. 골프나 볼링에 비하여 경제적으로도 그리 비싸게 들지않아, 누구라도 가볍게 시작할 수가 있다. 그리고 무엇인가 겨냥하여 쏜다는 것은 인간의 본능적인 욕망이며, 볼링 다음으로 붐을 이루는 것이 양궁인 것이다. 또 앞으로 특히 발전해 갈 것이라고 생각되는 것은 필드 양궁(洋弓)이다. 이것은 골프와 같이 초원 속에서 과녁을 쏘는 경기로, 4명이 한 그룹이 되어 이야기를 즐기면서 코스를 도는 것인데, 이것은 실로 즐거운 것이

정조준을 하고 있는 선수들의 날카로운 모습

다. 지금까지 장소가 없었기 때문에 발전이 늦어졌으나, 현재 각지에 활터가 만들어지고 있으며, 도회지에서 보다, 오히려 지방에서 성행될 요소를 지니고 있다.

　아시아에서도, 우리나라를 비롯한 대만, 인도네시아, 일본, 필리핀, 싱가폴, 오스트레일리아 등 모두 양궁이 성행하고 있으며, 목하 아시아연맹 결성의 징조도 나오고 있다. 이렇게 국제성이 강한 양궁은 점점 젊은이의 마음을 사로잡아 가고 있는 것이다.

뮌헨 올림픽 챔피언, 죠니·윌리암스의 사(射)

2
양궁의 용구(用具)

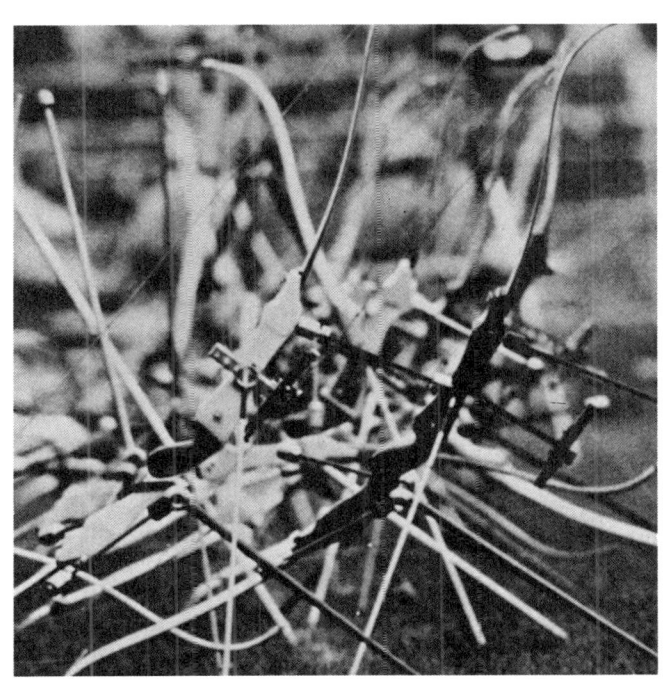

활에 대해서

 양궁에 능숙해지는 비결은, 우선 기본을 몸에 익히는 기술을 닦는 것과, 좋은 용구를 선택하는 것이다. 좋은 용구란 결코 비싼 것을 의미하는 것이 아니며, 사용하는 사람의 체력과 기술에 따른, 무리없이 사용할 수 있는, 말하자면 그 사람에게 가장 맞는 궁구(弓具)를 말하는 것이다.

 또 양궁은 정신적인 것이 영향이 있기 때문에, 자신의 용구를 신뢰하는 것도 중요하다. 여기에서 양궁의 용구에 대한 지식을 우선 알아두지 않으면 안된다.

● 활의 각부의 명칭과 역할

① 팁(활의 끝단)
 상처가 나기 쉽기 때문에 고무 프로텍터를 사용하는 것이 좋은데, 프로텍터는 가능한한 작은 것으로 할 것.

② 스트링녹(弓筈)
 현 걸이. 활의 양 끝단에 있는 현을 거는 곳.

③ 어퍼림
 핸들에서 상부 양끝까지.
 림은 화살을 날리는 탄력 구실을 한다.

④ 로워림
 핸들에서 하부 끝단까지

⑤ 백
 활을 쏠 때 과녁에 면하는 쪽.

⑥ 훼이스(베리)
 활의 복쪽(腹側)

⑦ 사이트윈도우
 과녁을 보기 쉽도록 또 화살이 센터쇼트가 되도록 활의 그립 윗 부분을 막아낸 곳.

⑧ 핸들 또는 그립
 활의 중앙 부분의 잡는 부분. 활의 종류에 따라 여러가지 형이 있는데, 로우 그립, 하이 그립 등이 있으며, 손의 형에 맞게 만들어 놓은 메이커

도 있다.
⑨ **피봇트포인트**
그립의 중심으로 활을 누르는 중심점
⑩ **애로레스트**
활이 현에서 떨어져 날아갈 때 화살의 깃이 활에 스치지 않도록 특별히 만들어진 것.
⑪ **스트링(현)**
현의 다크론, 또는 테트론제의 재료로 되어있으며, 양끝에 현륜(루우프)이 있고, 큰 루우프가 있는 쪽이 상부, 루우프가 좁은 쪽을 하부로 한다.
스트링의 크기와 활의 강도와의 관계
활의 강도 20~28본드 8개 현   38~42본드 12개 현
         29~38본드 10개 현   43본드 이상 14개 현

최후의 화살을 화이버에서 잡는 윌버 부인

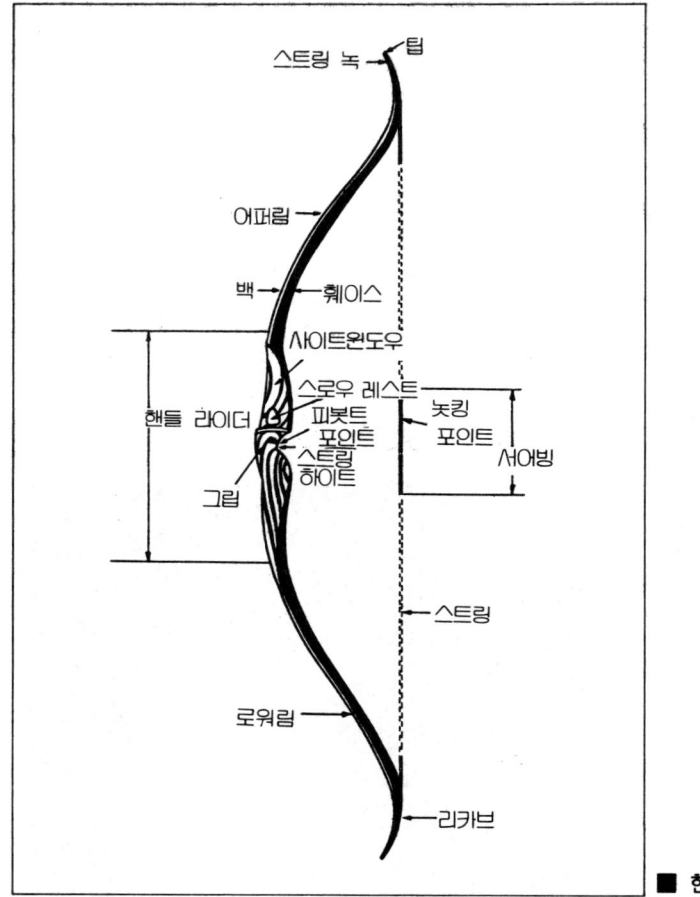

■ 현의 명칭

 일반적으로 두꺼운 현은 화살 날아가는 것이 나쁜데 집중성이 좋고, 가는 현은 날아가는 것은 좋은데 집중성이 나쁘다.
 올림픽에 참가하는 선수의 대부분은 최근 케프러현을 사용하고 있다.
 ⑫ 스트링하이트
 현은 활과 일체라고 생각하고, 활에 현을 걸었을 때, 그립의 누르는 점 (피봇트 포인트)에서 현 까지의 길이를 스트링 하이트 (현의 높이)라고 한다. 이 높이는 적중과 크기에 관계가 있으며 일반적으로 스트링하이트가 높으면 화살의 스피드는 내려가고 집중성이 증가한다. 반대로 낮으면

외국제의 활

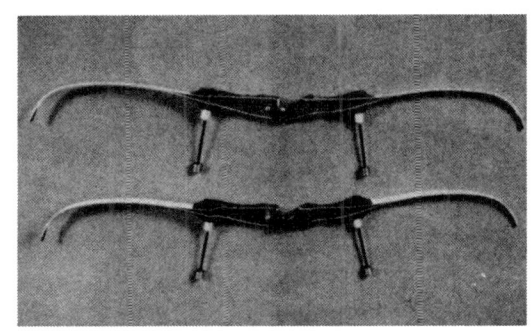

스피드는 증가하는데 화살의 집중성이 나빠진다.

보통 20~23정도 인데, 현의 높이는 그 사람에게 가장 맞는 높이를 자신이 골라낼 필요가 있다.

⑬ 서어빙

현의 중앙부는 대략 20cm 정도 실을 감고 있다. 이것은 현의 풀림 방지와 보강을 위해서이며, 서어빙이라고 부르고 있다. 현의 중심 보다 상부 2인치, 하부는 5인치 정도이다.

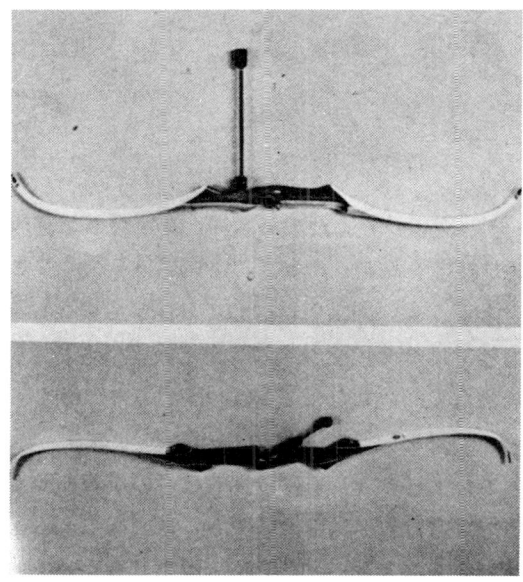

국산의 활

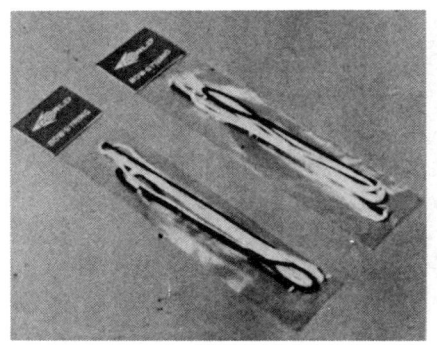
스트링

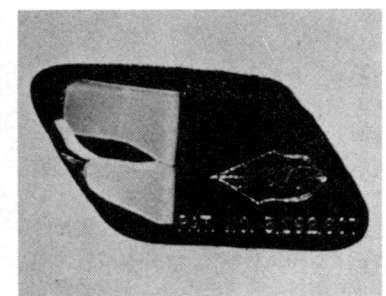
레스트

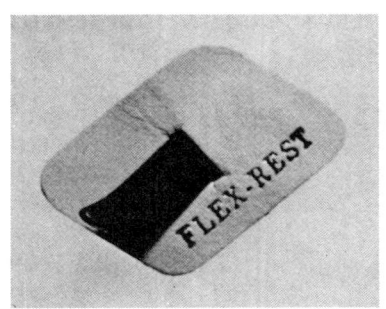
레스트

레스트

⑭ 녓킹 포인트

활의 현에 화살을 맞추는 장소가 빗나가 겨냥을 어지럽히는 일을 방지하기 위해, 화살을 넣는 장소 아래위에 실을 감아두어 두껍게 해 놓는다.

포인트가 조금 빗나가도 적중에 큰 영향을 미치기 때문에, 빗나가지 않도록 단단히 접착제를 이용하여 고정하는 것이 좋다. 녓킹 포인트는 보통 현과 화살이 직경 3 mm가 되는 것이 가장 좋다고 되어 있는데, 개인차가 있어서, 리치가 짧은 사람은 1~2 mm, 긴 사람은 3~5 mm가 좋다는 결과가 나와 있다.

포인트를 만드는 재료는 자른 다크론현 한개를 두 개로 나누어 순간 접착제로 고정시키면 좋다.

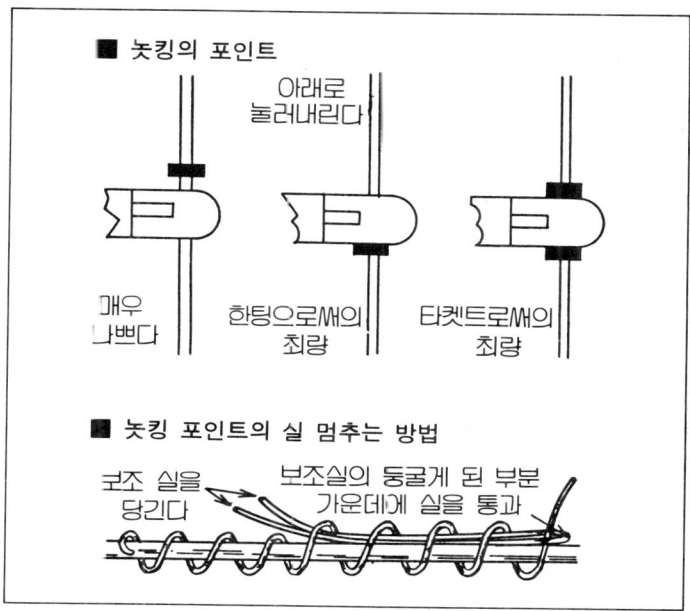

■ 현 만드는 방법

1. 목적
 스트링의 길이, 두께, 재질 등은 활의 적중률과 큰 관계가 있다. 즉, 스트링하이트가 높으면 일반적으로 집중력은 높아지나 날아가는 것이 나쁘고, 스트링하이트가 낮으면 화살 날아가는 것은 좋으나 집중력이 나빠지는 관계가 있어서, 그 사람에게 가장 알맞은 스트링 하이트를 고르는 것이 중요하다. 또 활의 강도와 현의 두께 모두 관계가 있으며, 그 때문에 자신이 현을 만들거, 자신에게 맞는 현을 정할 필요가 있다.

2. 현 제작에 필요한 것
 1. 스트링(B타입, 슈우퍼 B43타입)
 2. 스트링 서어너(현 거는 기구)
 3. 140㎝ 이상의 길이, 5㎝ 이상 두께의 재목.
 4. 못(2~3㎝) 2개와 2~3㎜의 파이프.
 5. 원형 네지못 2개
 6. 빨간 연필(또는 수성펜)
 7. 테이블
 8. 본드

9. 가위
10. 비이즈. 왁스
11. 자
12. 가죽(조금)
13. 뻰찌 또는 프라이어

〈주의〉
빨간 연필 대신 매직을 사용하지 말것. 매직은 현에 있어서 화학 변화를 일으켜 빨리 끊어지는 원인이 된다.

현 만드는 순서
1. 자신의 현의 길이 보다 20cm 정도 긴 재목을 준비한다.
(오래된 다다미를 사용해도 좋다)
2. 재목에 반경 2~3mm의 파이프를 놓고, 소정의 위치에 박아 넣는다.
(파이프는 없어도 상관없다. 또는 도르래를 사용해도 된다)

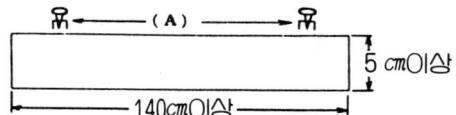

A의 길이를 2m 정도씩 바꾸어, 스트링 하이트가 어느 정도가 되는지 만들어 본다.

〈주의〉
스트링의 재질은 다크론과 케프러 현인데, 초보자는 다크론현, 상급자는 케프러현을 사용하는 것이 좋다. 케프러현은 잘라지기 쉬운 결점이 있으나, 사용해도 현이 늘어나는 일이 없고, 화살 날아감도 좋고, 비에 젖어도 그다지 변화가 없기 때문에 경기용에 적당하다. 또 다크론현은 거의 끊어지지 않기 때문에 초보자 연습용으로 적합하다.

3. 현의 두께(8, 10, 12)어떤 것을 결정하고, 10현의 경우는 5회, 사이를 감아 실로 단단하게 연결한다.

〈주의 1〉
일반적으로 약한 활은 8현(28본드 정도까지)
보통 궁은 10현(28~38본드)
다소 강한 활은 12현(38~42본드)
케프러현은 16~20현

〈주의 2〉
현을 감을 때 강하게 감는가, 느슨하게 감는가로 스트링 하이트가 변하기 때문에, 감는 방법에 의해 다소 조절 가능.

4. 연결이 끝나면 못을 한개 빼고, 실을 풀어, 실의 느슨함을 제거하

여, 일정하게 하기 위하여 테이블 다리 등을 이용하여 수회 돌리면 일정하게 된다.

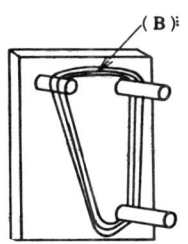

5. 실 매듭 장소를 ⓐ현 루우프 가장 끝단으로 하는 경우, ⓑ현 루우프의 합쳐지는 곳으로 하는 경우가 있는데, ⓐ의 경우는 매듭을 그림(B)의 위치에 두고, 그것을 중심으로 오른쪽에 4 ㎝, 왼쪽에 3.5㎝ 정도 되는 곳에 붉은 표시를 한다. ⓑ의 경우는 매듭에서 왼쪽으로 7.5㎝ 정도 되는 곳에 붉은 표시를 한다.
  그리고 매듭을 중심으로 15㎝ 정도 비이즈왁스를 잘 칠한다 (주. 칠하여 두꺼워져서는 안된다).

6. ⓐ의 경우, 오른쪽 붉은 표시의 장소에서 오른쪽 돌리기(시계 도는 방향)로 왼쪽으로 스트링 서어버를 사용하여 실을 감아간다. 감기는 처음 5회 정도 한 다음, 현이 엉키지 않도록 감은 곳을 가죽으로 감고, 그 위에 뻰찌 또는 프라이어로 누르며 감아간다. 현은 가능한 강하게 감아가는 것이 엉키지 않으므로, 테이블의 다리를 이용하여 느슨해지는 곳을 발을 얹으며 단단하게 조절한다.

〈주의〉
  스트링 서어버 네지의 여하에 따라 실이 강하게 감기거나, 약하게 감기거나 하기 때문에 조절이 어렵다. 약하면 어긋나고, 강하면 끊어지기 쉽다 (약한 것 보다는 강한 것이 좋다).

7. 왼쪽 표시된 곳까지 감았으면, 실이 풀리지 않도록 1회 실을 밑으로 빼고, 현을 테이블에서 벗겨낸다.

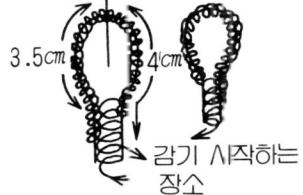

(주. 감기 시작하기 전에 3회 정도 돌려 감으면 아름답게 완성되며, 합쳐지는 삼각도 작아진다.)

8. 그림과 같이 루우프를 만든 현을 강하게 붙이고 3.5㎝ 쪽에서 4㎝ 쪽으로 겹쳐 실을 그대로 감아간다 (주. 좌우 길이를 일정하게 만들어

도 좋은데 만나는 점이. 두꺼워지거나 현이 소리가 커진다).
  ⓑ의 경우는 매듭이 감추어지도록 딱 루우프 만나는 점에 실을 감아간다. 이 경우도 그 곳이 두꺼워진다.

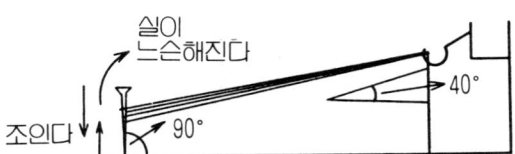

9. 그림과 같이 감아, 10㎝ 정도 감은 다음 멈추는 실의 멈추는 방법은, 서어빙 감는 방법의 멈추는 방법과 같다.

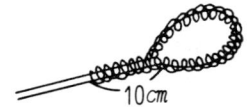

10. 마찬가지로 하여, 반대쪽의 루우프를 만든다(조금 적게 만들어도 좋다). 윗쪽의 루우프를 못에 걸어 단단히 당기고, 반대쪽의 가장 끝단을 중심으로 붉은 표시를 한다.

11. 양쪽 루우프가 완성되었으면 활에 걸어, 활의 양끝을 들고 가볍게 눌러 현을 편다. 그 다음 비이즈왁스를 잘 칠하고, 서어빙을 감는다. 서어빙은 오른쪽 감기로 하고, 놋킹 포인트를 중심으로 위 5 ㎝, 아래 13㎝ ~15㎝ 정도로 감는다. 서어빙의 감는 방법과 실 멈추는 방법은 다음과 같이 한다.

① 실을 끼운다 (주. 왼쪽 감기로 하면 풀릴 염려가 있다).
② 한쪽 끝을 눌러 감아간다.
③ 다른 실을 가져간다.
④ 약 5㎜ 감고, 고리에 실끝을 통과시킨다.
⑤ 붙인 실을 잡아당겨 묶는다.

서어빙 실 멈추는 방법 (놋킹 포인트에도 응용할 수 있다)
  완성되었으면 현 전체에 왁스를 바르고, 둥글게 되도록 한다 (비틀어지지 않도록 한다). 또, 본드로 실을 멈출 장소를 가볍게 칠 해 둔다.
  이와같은 방법은 특별한 도구없이 자신이 집에서 만들 수 있는 방법이다. 또 두 명이 협력하여 만들면 보다 좋은 것을 만들 수 있다.

〈주의〉
　재목을 사용하는 대신에 활을 사용하는 방법도 있다. 현을 풀고, 그대로 반대 방법으로 실을 걸어, 그때 스트링 하이트가 거의 현을 붙인 때 스트링 하이트에 가깝게 되기 때문에, 늘어나는 만큼 강해진다 (약 5～1 ㎝).
　이 방법도 목재가 필요 없고, 자신의 활을 사용할 수 있으므로 연구하기 바란다.

사이트

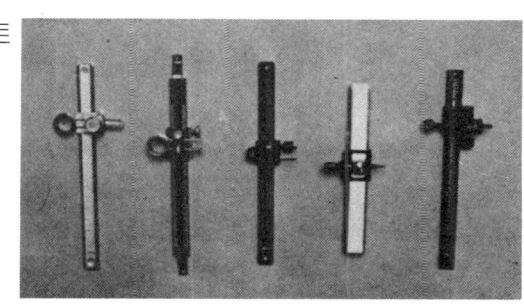

● 활의 부품
① 사이트(궁조준기〈弓照準器〉)
　필드 경기의 베어보우슈팅에서는 사이트를 일체 사용해서는 안되지만, 같은 필드라도 프리 스타일은 사이트를 사용해도 좋고, 타켓 경기에서는 모두 사이트를 사용한다.

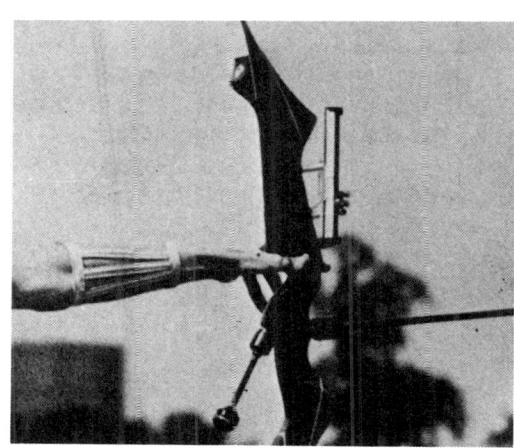

90 m 사이트를 붙이는 경우라면, 사이트는 활 밖쪽에 붙이는 편이 겨누하기에 쉽다.

스타비라이더가 달린 활로 쏘는 양궁선수들.
스타비라이더가 쇼크를 흡수한다.
(뮌헨 올림픽에서)

사이트 붙이는 방법은, 전면에 붙이는 방법과 가깝게 붙이는 경우가 있는데, 90m 사이트를 사용할 때는 앞에 붙이는 편이 적중에 유리하다.

활이 약하여 90m 사이트가 너무 내려가는 경우는 가깝게 붙인다.

② 스타비라이더(안정기(**安定器**))

화살의 발사 순간에 옆 떨림이나 비틀어짐을 죽이고 쇼크를 흡수하여 화살을 똑바로 발사시키기 위한 안전장치이며, 인류 선수는 거의 이것을 사용하고 있다.

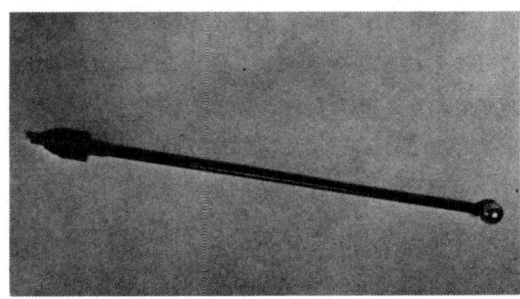

스타비라이더

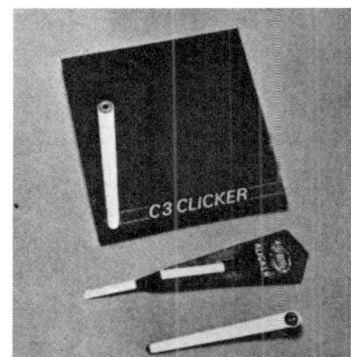

크릿카

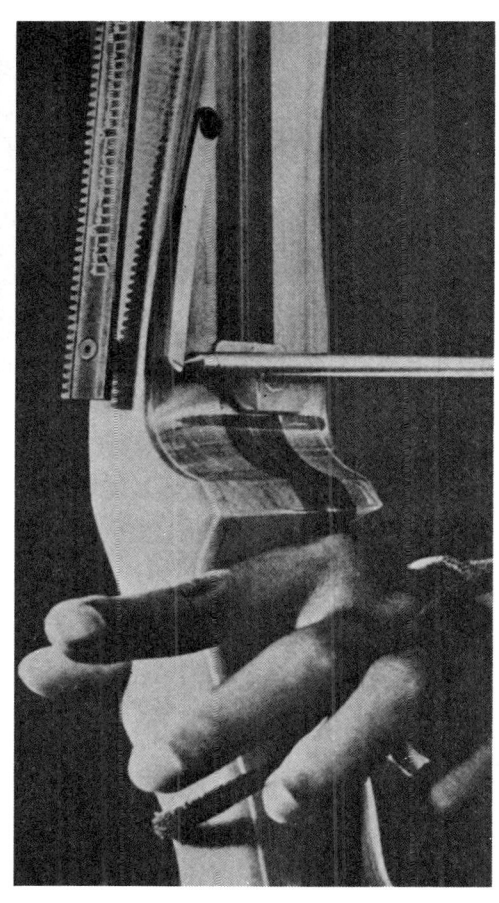

크릿카를 붙이고 쏜다.

　타켓트 경기에서는 스타비라이더는 1개의 활에, 갯수나 길이는 제한이 없어 마음대로 사용할 수가 있다.
　필드 양궁의 베어보우슈팅에서는 스타비라이더도 달아서는 안된다.
　스타비라이더의 길이나 무게는 개인차가 있고, 긴 활을 사용하는 사람과 짧은 활을 사용하는 사람의 경우, 다른 것도 당연하다. 이 길이나 무게도 자신에게 맞는 것을 취할 필요가 있다.
　③ 크릿카
　활을 당길 때, 화살의 길이를 일정하게 하기 우해 애로레스트 앞부분에 붙이는 얇은 금속으로, 화살을 끼워 폴로우할 때 소리를 내며 화살 끝이 크릿카에서 빠져나와, 언제나 일정한 화살 길이로 날아가도록 연구되어진 것이다.

이전에는 크릿카의 사용은 옳지 않다고 생각되었으나, 지금은 세계 선수권 대회에서도 거의 모든 선수가 크릿카를 사용하고 있다. 크릿카를 사용하는 경우, 화살 길이를 정하는 크릿카의 위치가 실로 중요하며, 무리하게 너무 당기거나, 당겨지지 않거나 하는 결점이 생기기도 한다. 그러므로 사형(射型)이 안정되지 않은 초보자가 크릿카를 사용하면 안된다.

초보자는 폼이 정해있지 않기 때문에, 바른 화살 길이가 정해지지 않으며, 크릿카에 정신을 쓰다보면 바른 폼을 만드는데 마이너스가 된다. 단지 조급하게 굴지 말고, 바른 폼을 익힌 다음 그 사용을 마스터하는 것이 중요하다.

이 위치를 가장 이상적인 장소에 결정하기 위해서는 1크릿카를 어느 정도 움직여 보며, 자신에게 맞는 위치를 찾아낸다.

또, 크릿카를 사용하는 경우, 크릿카가 울지 않았는데 릴리이스해 버리는 미스를 범하는 경우가 있는데, 미스한 경우에도 과녁에 적중할 수 있을 정도로 크릿카를 느슨하게 붙여두는 것이 중요하다. 그러나, 너무 느슨하게 하여 마구 움직여져서도 안되며, 드라이버로 항상 조절할 수 있는 크릿카 사용이 바람직하다.

● **활의 종류**

양궁의 활은 사용 목적에서,
① 타켓트보우
② 핸딩보우
③ 후라이트보우
로 나눌 수 있다. 타켓트보우는 보통 62~70 인치의 길이, 강도는 25~50 본드 정도, 핸딩보우는 50~60 인치의 짧은 것으로, 강도는 40~80 본드의 것이 사용된다. 아메리카의 유명한 양궁선수는 80본드가 되는 활로 아프리카 코끼리를 사살한 적도 있다.

후라이트보우는 단 날리기 위한 활로, 60~90 본드 정도 강도의 것으로, 활의 중심 부분에 구멍이 있고, 그것에 의해 화살이 날 수 있도록 다른 활과는 다른 구조로 되어 있다.

뮌헨 올림픽에서 활약하는 스웨덴선수들. 중앙이 2위인 야루빌 선수

● 어떤 활을 선택하는 것이 좋을까?

여기에서 타켓트 양궁을 중심으로 하여, 타켓트보우의 선택 방법을 설명하겠다. 우선 자신의 신체에 맞는 것, 즉 힘이 약한 사람은 약한 활을, 강한 사람은 강한 활을 사용하는 것이 좋다. 또 팔 길이가 긴 사람은 긴 활을 팔 길이가 짧은 사람은 짧은 궁을 사용하는 것이 좋다.

경기에 출장하는 경우는, 90 m에서 조준기를 완전히 사용할 수 있고, 144개의 화살을 하루에 당길 수 있는 강도가 필요하다. 최근 우리나라의 톱 양궁선수들은 남자 38~48본드, 여자는 32~38본드 정도가 많다.

① 활 강도의 선정

어느 정도의 강도의 활을 선택하는 것이좋을까 하는 결정은, 양궁선수의 성별, 체력, 신체 조건 등 개인차가 있어서 일관적으로 결정하는 것은 매우 어렵다. 단 다음과 같은 범위를 목표로 하면 좋다.

여성 : 초보자 20~30본드
　　　상급자 28~38본드
남성 : 초보자 28~35본드
　　　상급자 38~48본드

처음으로 사형(射型)을 정비하는 것이 중요하기 때문에, 조금 약한 궁부터 들어가는 것이 좋다. 또 리치가 짧은 사람은 본드가 큰 궁을 당겨도 실질 본드는 그다지 없기 때문에, 본드가 높은 활을 선택하면 좋다.

1인치 당기는 길이 차이가 나면 약 2본드 강도 차가 생긴다. 따라서 자신의 팔의 길이에 따른 활의 강도 선택 방법이 중요하다.

예로써 국산 활에서 26인치 당겨 40본드인 활을 24인치밖에 당길 수 없는 사람은, 26-24=2 2×2=4 40-4=36이라는 계산에 의해, 40본드의 활로 실질은 36본드밖에 당기지 못하게 되는 것이다.

반대로 팔길이가 긴 사람은 비교적 약한 활을 사용해도 강하게 화살을 쏠 수가 있다.

② 활의 길이

국내에서 판매되고 있는 활의 기준 길이는, 62~69인치의 것이 2~3인치 조각으로 제작되어 있다. 활의 길이 측정 방법은 메이커에 따라 다르

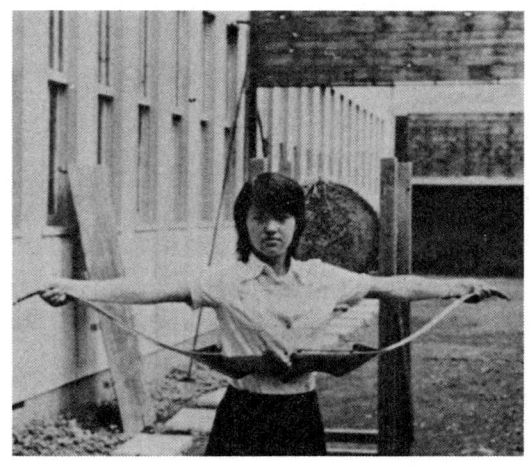

암스판(양손을 벌렸을때의 길이)이 거의 그사람의 활의 길이가 된다.

다. 일반적으로는 어퍼림, 로워림의 스트링녹 사이의 전개 실장으로 나타낸다.

〈드로우·랭스와 활의 길이〉

실제로 활을 당긴 길이를 드로우·랭스라고 부르며, 이것은 양궁선수의 손의 길이에 대개 비례한다. 드로우·랭스는 활의 길이와 화살의 길이를 선택하는 기준이 되며, 또 활의 강도를 선택하는데 있어서도 관계되는 것이기 때문에 자신의 드로우·랭스를 알 필요가 있다.

일반적으로 간단한 계산방법으로써 양손을 모아 바닥에 평행하게 앞으로 펴고, 가슴뼈에서 손가락 끝까지의 길이를 재어 그것을 기준으로 활의 길이와 화살의 길이의 범위가 결정된다.

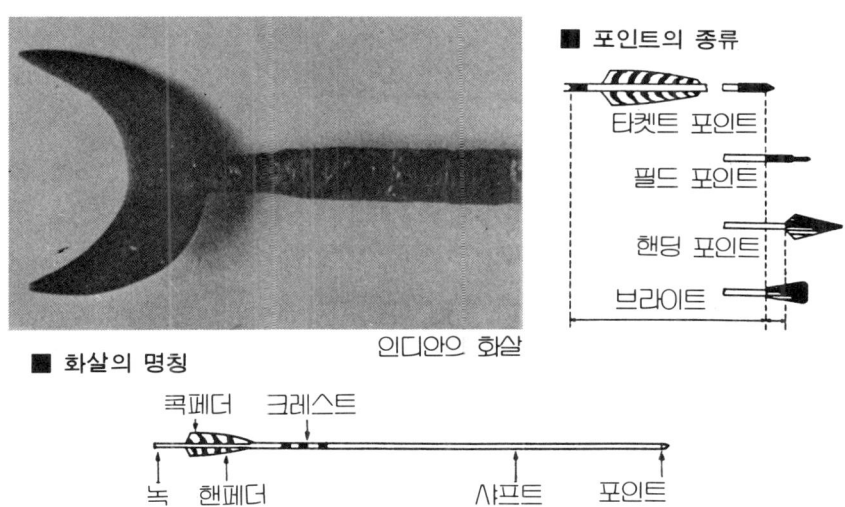

● 화살의 각부의 명칭

① 샤프트 (축)

화살 몸체의 축.

② 포인트 (화살의 근 (根))

화살 끝단으로 특히 단단히 되어있는 곳이며, 화살 축에 붙이도록 되어 있다. 최근 헤비 포인트라고 하여 보통 포인트 보다 무거운 것이 유행하고 있는데, 이것은 화살의 끝이 무겁게 되어있기 때문에 누르는 손이 안정되

시합 전 화살을 점검하는 윌리암스 선수

어 있는 사람에게는 집중력이 높아지며, 적중률이 좋아진다.
특히 쫓는 바람, 또는 무풍 때는 효과가 있는데, 역풍인 경우 화살이 바람에 눌려 아래로 떨어지는 경우가 생긴다.
많은 양궁선수가 헤비 포인트를 사용하여 좋은 기록을 올리고 있는데, 누구나 사용할 수 있는 것이 아니기 때문에 테스트해 보는 것이 중요하다.
또 1618과 같이 육후(肉厚)가 18계인 포인트는, 세미·헤비·포인트로 되어있다. 또 핸딩용 포인트는 브로우드·헷드 라고 불리우는 날카로운 날이 달린 것을 사용하고 있다.

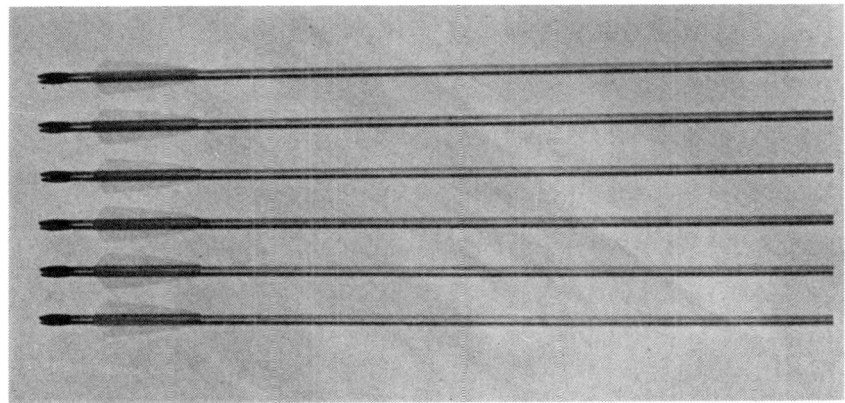

프라스틱 깃을 단 샤프트

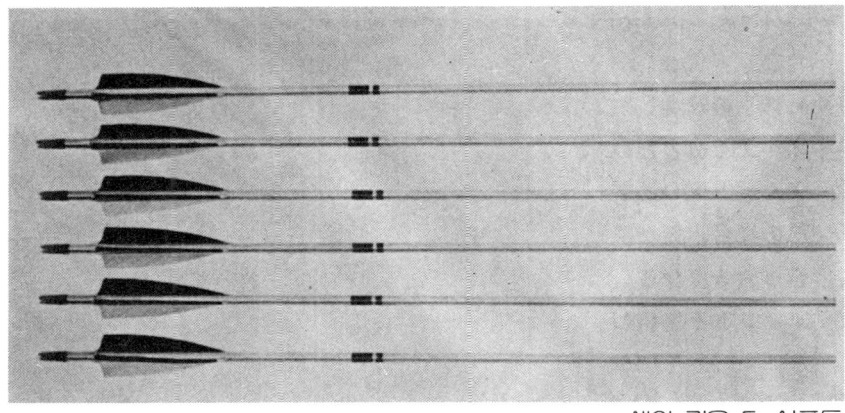

새의 깃을 단 샤프트

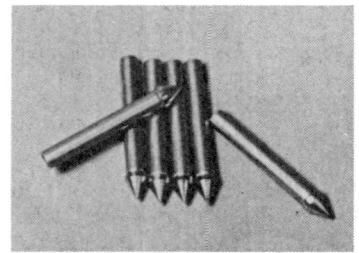
포인트

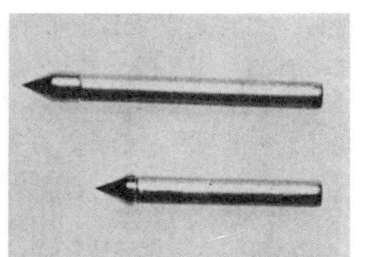
헤비 포인트(上)와 보통 포인트(下)

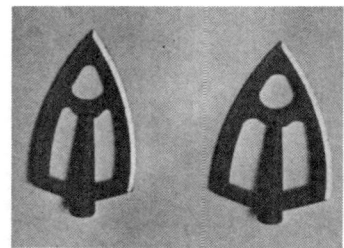
브로우드헷드

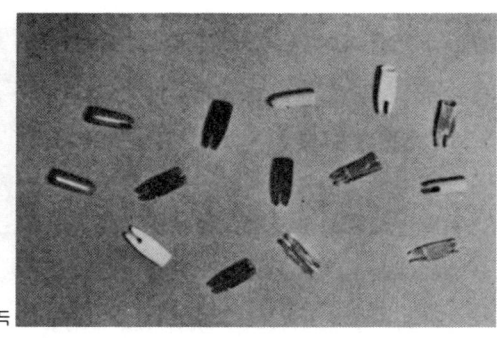
녹

③ 녹(矢筈)

현에 화살을 맞추기 위하여, 샤프트 끝단에 오목 들어가 있는 것. 현재는 거의 프라스틱제 녹이 사용되고 있다.

화살을 만들 때 샤프트에 우선 녹을 접착하고, 그 구멍을 기준으로 각도를 잡아 깃을 붙인다. 녹은 자주 화살이 맞아 깨지기 때문에, 바꿀때, 깃과 녹의 각도가 다른 깃과 같이 되도록 주의해야 한다.

또 갈때, 접착제를 많이 붙이면 떠오르게 되므로 가능한 한 소량의 접착제를 발라 녹을 돌려 똑바로 붙이도록 한다.

또 녹과 현의 사이는 너무 조여도, 느슨해도 안된다. 알맞게 맞아 저항이 적게 떨어질 수 있도록 되어 있어야 한다. 구멍이 너무 큰 경우는 현에 실을 감아 조절한다.

④ 페더(화살 깃)

화살을 안정시키기 위해서 3~6장의 깃이 샤프트에 붙여져 있다.

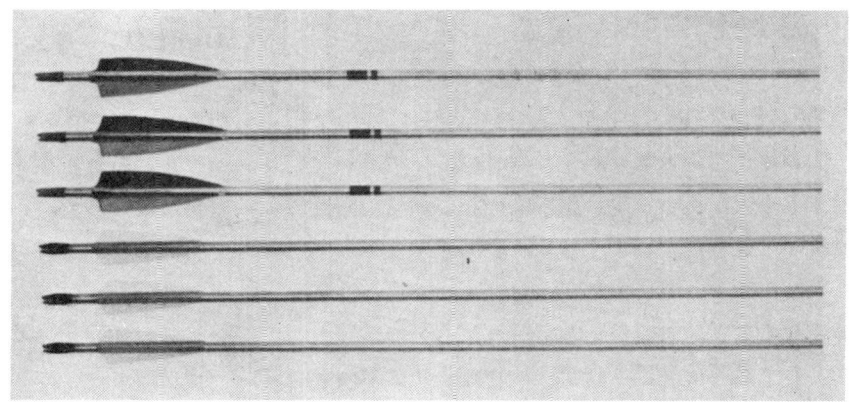

새의 깃털과 프라스틱 깃털

 타켓트용 호·살은 거의 3장의 깃으로, 녹의 구멍에 대하여 직각으로 1장, 이것을 콕·페더라고 하며, 다른 2장은 120도 간격으로 붙이며, 이것을 핸·페더라고 한다.

〈페더의 재질〉

● 새의 깃털 —칠면조가 주로 쓰이며, 콕·페더만을 보통 다른 색으로 하는 경우가 많다.

 새의 깃털은 레스트에 스쳐도 거칠어지지 않고, 비행중 화살의 수정력이 크기 때문에 다소 스파인이 맞지 않아도 화살이 거칠어지는 경우가 적다. 그러나 비행 저항이 커 날아감이 좋지 않고, 깃이 스치면 정밀도가 떨어지며, 비에 젖으면 두꺼워 지는 등의 결점이 있어, 타켓트 경기용으로써 최근에는 사용되지 않으며, 초보자 또는 중급자 연습용으로 사용되고 있다. 단 필드에서는 새의 깃털이 좋은 경우가 많다.

● 프라스틱 깃털(프라 깃털) —이것은 비행 저항이 적고, 새의 깃털보다 20% 정도 날다감이 좋고, 또 깃털의 형이나 크기 등의 오차가 거의 없어 일정하게 날아가는 이점이 있다. 장거리에서는 압도적으로 유리하기 때문에 현재 타켓트 양궁 선수는 거의 프라 깃털을 사용하고 있다.

 그러나, 수정력이 적어 거칠고, 날리는 기술이 나쁘면 새 깃털 이상으로 거칠어지기 때문에 초보자는 사용할 수 없는 경우가 많다.

 깃털의 크기와 형은 여러가지가 있으나 적중에는 그다지 차이가 없고,

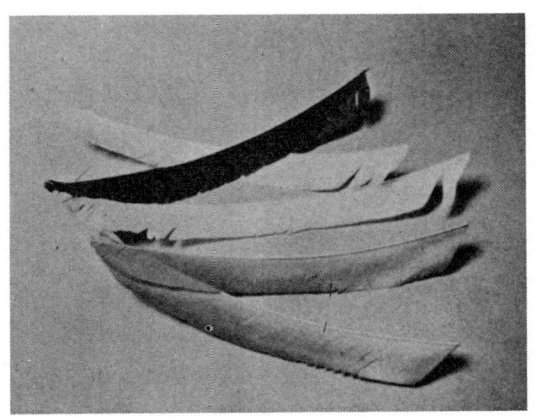

새의 깃털

긴 화살에는 긴 깃털, 짧은 화살에는 짧은 깃털이 좋다. 최근에는 미니 깃털도 많이 사용되고 있다.

깃털을 붙일 때, 접착면(샤프트도 깃털도)을 손으로 만지면 손의 기름이 묻기 쉬우므로, 결코 손 등이 닿지 않도록 하는 것이 중요하다.

〈깃털 붙이는 방법 – 페더 핏치〉

페더의 붙이는 방법에는 화살에 수정력(회전)을 가하여 화살을 안정시키기 위하여, 오른쪽 또는 왼쪽으로 구부려 붙인다. 이것을 페더·핏치(깃털 붙이는 각)라고 한다.

화살의 중심선에 대하여 오른쪽으로 구부려 붙이는 경우를 우 핏치, 왼쪽인 경우를 좌 핏치, 똑바로 붙이는 경우를 스트레이트라고 한다.

프라스틱 깃털

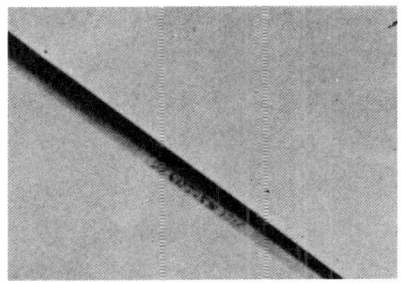

스파인 테스터

샤프트의 문자

프라 깃털은 일반적으로 우 핏치로 붙이는데, 선수 중에 좌회전하여 화살이 날아가는 사람이나, 사이트가 안쪽에 들어가 있는 사람은 좌 핏치로 붙이는 경우가 많다. 핏치의 경우는 0도~2도 30분 전후로 일반적으로는 1도 이후가 좋다.

⑤ 크레스트(장식 문장(紋章))

화살을 다른 화살과 자신의 것을 이내 구분하기 위하여 디자인화시켜 락카, 에나멜 등으로 아름답게 색칠하는 것. 또 크레스트가 없는 화살도 많지만 화살에는 반드시 자신의 이니셜이나 이름을 붙여두어야 한다.

● 화살의 종류

① 소재에 의한 분류

● 나무, 대나무, 그라스화이버, 쥬랄민 화살로 나눌 수 있다. 현재 초보자용으로써 대나무, 경기자용으로써는 거의 전부 쥬랄민제 화살(보통 알루미 화살이라고 부른다)을 쓴다.

재질에 따라 24SRT, XX 75, X 7 등 시판도고 있다. 또 알루미 화살은 정교하고 튼튼하다.

샤프트에도 두께, 육후(肉厚)의 차이로, 수십종의 사이즈가 있기 때문에 무게나 스파인 등 가장 적당한 화살을 선택해야 한다.

② 사이즈에 의한 분류

● 길이는 자신의 리치에 따라 잘 맞는 것이 중요한데, 초보자는 너무 당기는 경향도 있고, 안전을 위해 조금 긴 것이 좋다.

샤프트 사이즈는 알루미 화살의 경우 샤프트의 직경과 육후로 표시된다. 예를 들면, 24SRT 17 16 이라고 쓰여진 경우, 24SRT는 소재인 재질을 나타내며, 17, 16이 샤프트 사이즈를 나타낸다. 사이즈 기호 17, 16의 17은 17/64인치라는 수치로 샤프트의 직경을, 뒤의 16은 0.016인치 라는 샤프트의 두께를 나타내고 있다. 직경으로는 15~19, 두께는 13, 14, 16, 18 사이즈가 판매되고 있다.

각 2장의 기호 숫자가 커짐에 따라 스파인은 튼튼해지며 무게는 무거워진다.

③ 스파인이란 무엇인가?

일반적으로 화살의 강도를 나타내는 데는, 스파인(화살의 탄력성)이라고 부르는 것을 사용한다. 스파인은 화살의 끝단을 지탱하고, 그 중앙에 2본드의 무게를 얹었을 때의 화살의 휘는 량을 측정한 수치를 나타낸 것이다. 휘는 양이 큰 화살은 스파인이 부드럽다 라고 말하며, 반대로 작은 화살은 스파인이 딱딱하다 라고 한다. 그리고, 활의 강도에 적합한 화살의 강도를 선택하는 것을 '스파인을 맞춘다'라고 한다.

스파인은, 화살을 휘게하는 힘(본드수)과 화살의 길이의 3승에 비례하며, 화살의 강성(같은 재질의 화살에서는 두께의 4승 비율)과 반비례 관

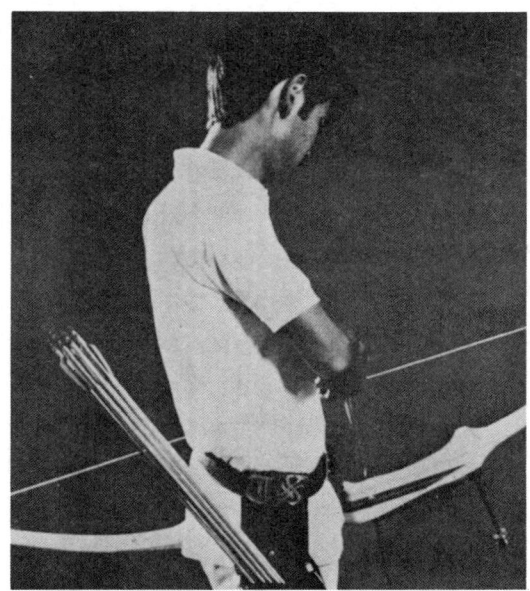

톱 양궁 선수는 알루미 화살을 사용하고 있다.

■ 화살의 길이

팔의 길이 (인치)	화살의 길이 (인치)
57 ~ 59	22 ~ 23
60 ~ 62	23 ~ 24
64 ~ 65	24 ~ 25
66 ~ 68	25 ~ 26
69 ~ 71	26 ~ 27
72 ~ 74	27 ~ 28
75 ~ 77	28 ~ 29
77 이상	30

계에 있다. 이 비례 관계를 근거로 하여 활의 강도와 화살 길이에 맞는 화살 사이즈를 나누어 일람표로 만든 것이 「스파인표」이다. 스파인이 바르게 되어있는가 어떤가를 우선 스파인표로 확인하고, 실제로 슈라잉하여 이내 화살이 날아가는가 어떤가를 확인해 보아야 한다.

일반적으로 과녁의 왼쪽에 화살이 모이는 경향이 있을 때는 스파인이 너무 딱딱한 경우(화살이 너무 강한)이고, 오른쪽으로 치우쳐 있을 때는 너무 부드러운 경우가 많다. 전혀 맞지않은 때는 어느 화살도 여기저기로 날아가며, 화살 날아감이 비틀어지는 것을 알 수 있다.

● 어떤 화살을 선택하는 것이 좋은가?
① 소재
경기에 참가할 의지가 있으면 처음부터 알루미 화살을 사용한다.
② 화살의 길이 정하는 방법
우선 중요한 것은 길이를 정하는 것이다. 다음에 자신에게 맞는 바른 화살의 길이를 즈사하는 방법을 들어 보았다.
① 양손을 널려 한쪽 손가락에서 다른 손가락까지의 팔의 길이를 재어 화살의 길이를 정한다.
② 긴 화살을 가슴 뼈에 직각으로 두고, 양팔을 앞으로 뻗어 손가락 끝

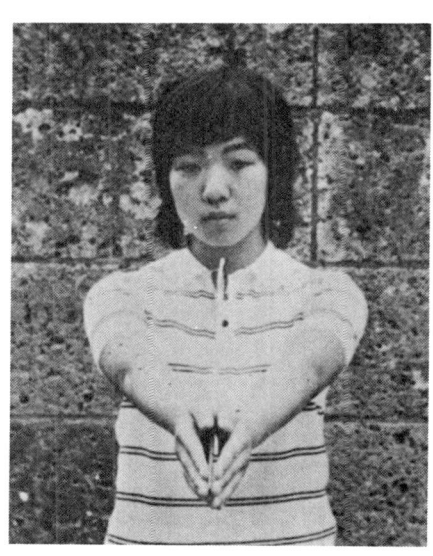

화살 길이 측정 방법

을 잰다. 그 길이는 그 사람의 화살 길이와 거의 비슷하다.
③ 긴 화살을 실제로 바른 폼으로 당겨 보고, 가장 알맞게 긴 곳에 표시를 한다. 이 경우 바른 폼이 어떤 것인가 배울 필요가 있다.
바른 폼이면 이 방법이 효과가 확실하다.

③ 화살의 두께와 굵기 - 스파인 맞추는 방법
이것은 가장 중요한 것으로, 여기에 프라 깃털을 사용하는 경우는 활의 강도와 화살의 스파인이 맞지 않으면 모두 실패해 버린다. 따라서 우선 활의 강도를 정했으면, 다음에 화살의 길이를 정하고, 오른쪽 표를 보고 자신에게 맞는 화살을 선택한다.

④ 활과 화살의 관련표 보는 방법
표에 세로에 있는 파운드 Ⓑ는 활의 사실상 사용용 파운드이다. 국산의 활은, 그림 (1) (P. 66)과 같이 그림에서 26인치 당겼을 때의 활의 강도를 파운드로 나타내고 있다. 따라서, 국산 활에 66~36이라고 표시되어 있으면, 그것은 활의 길이가 66인치이고 그림에서 26인치 당겼을 때의 활의 강도가 36파운드 라는 뜻이다.

■ 활(파운드)과 화살(중량·스파인)의 관련 일람표
Ⓐ는 화살의 길이, Ⓑ활의 실질 사용상의 파운드수

Ⓐ인치 Ⓑ파운드	22	23	24	25	26	27	28	29
20	1416	1416	1416	1516	1614 1518	1616 1713	1714 1618	1813 1716
21	1416	1416	1516	1516	1614 1518	1713 1616	1714 1618	1813
22	1416	1416	1416	1516	1614 1518	1616 1713	1714 1618	1813 1716
23	1416	1416	1516	1516	1614 1713 1518	1714 1618	1813 1716	1814
24	1416	1416	1516	1614 1518	1616 1713	1714 1618	1816 1716	1814
25	1416	1416	1516	1614 1518	1713 1616	1714 1628	1813 1716	1814
26	1416	1416	1516	1614 1518	1713 1616	1714 1618	1813 1716	1814
27	1416	1416	1516	1614 1518	1713 1616	1714 1618	1813 1716	1814

28	1416	1416	1516	1614 1713 1518	1713 1714 1616	1714 1813 1618	1813 1814 1716	1913 1914
29	1416	1516	1614 1518	1713 1616	1714 1618	1813 1716	1314	1913	
30	1416	1516	1614 1518	1713 1616	1714 1618	1813 1715	1814 1718	1816 1913
31	1416	1516	1614 1518	1713 1616	1714 1618	1813 1716	1718 1814	1913 1816
32	1416	1516	1614 1518	1714 1616	1714 1618	1813 1716	1814 1718	1913 1816
33	1416	1516	1616 1518 1713	1714 1616	1714 1716 1618 1813	1718 1716 1814	1913 1816	1914 1818
34	1416	1614 1518	1713 1616	1714 1616	1813 1716	1718 1814	1913 1814	1914 1818
35	1516	1614 1518	1616 1713	1714 1618	1813 1716	1718 1814	1913 1816	1818 1914
36	1516	1614 1518	1616 1713	1714 1618	1813 1716	1718 1814	1913 1816	1914 1818
37	1516	1614 1518	1713 1616	1714 1618	1813 1716	1718 1814	1816 1913	1914 1816
38	1516	1614	1713 1616	1714 1618	1813 1716	1718 1913 1816	1816 1913	1818 1914
39			1713 1616	1714 1618	1718 1814	1913 1816	1914 1818	2013 1916
40		1616 1713	1714 1618	1813 1716	1718 1814	1816 1913	1818 1914	2013 1916
41		1616 1713	1714 1618	1813 1716	1814 1718	1913 1816	1914 1818	2013 1916
42		1714	1714 1616 1813	1813 1716	1814 1718	1913 1816	1914 1818	2014 1918

 지금 이 활을 화살 길이 25인치인 사람이 사용한 경우 실질 몇 파운드 정도가 될까?

 그림 (2) (P. 66)와 같은 경우, 활의 폭이 2인치에 가까운 것으로써, 25인치의 화살로 그림 (2)와 같이 당겼다면 25 - 2 = 23 즉 23인치밖이 당기지 않은 것이 된다. 활은 약 1인치 적어도 약 2파운드의 차가 생기기 때문에, 실질 사용상의 강도는 26 - 23 = 3 3 × 2 = 6 36 - 6 = 30이 되어 30파운드밖에 되지 않는다.

 여기에서 이 사람의 화살은 30파운드에서 25인치 화살이 좋다는 결론이 나온다.

 외국제 활의 경우는, 그림 (3)과 같이 활의 가장 안쪽에서 재어 28인치 당긴 곳의 활의 강도를 파운드로 나타내고 있다.

따라서 지금 25인치의 화살 길이인 사람이 그림(4)와 같이 26파운드의 외국제 활을 당긴 경우 실질 사용상의 파운드 내는 방법은 28-25=3 3×2=6 36-6=30 이 되어 역시 실질 사용상의 파운드는 30파운드가 된다. 그러므로 재는 방법은 달라도 국산도 외제도 거의 같은 파운드수로 되어 있다.

이상의 것을 참고로 하여 이제부터 활을 시작하는 사람은 우선 자신에게 맞는 활과 화살을 선택하도록 하자.

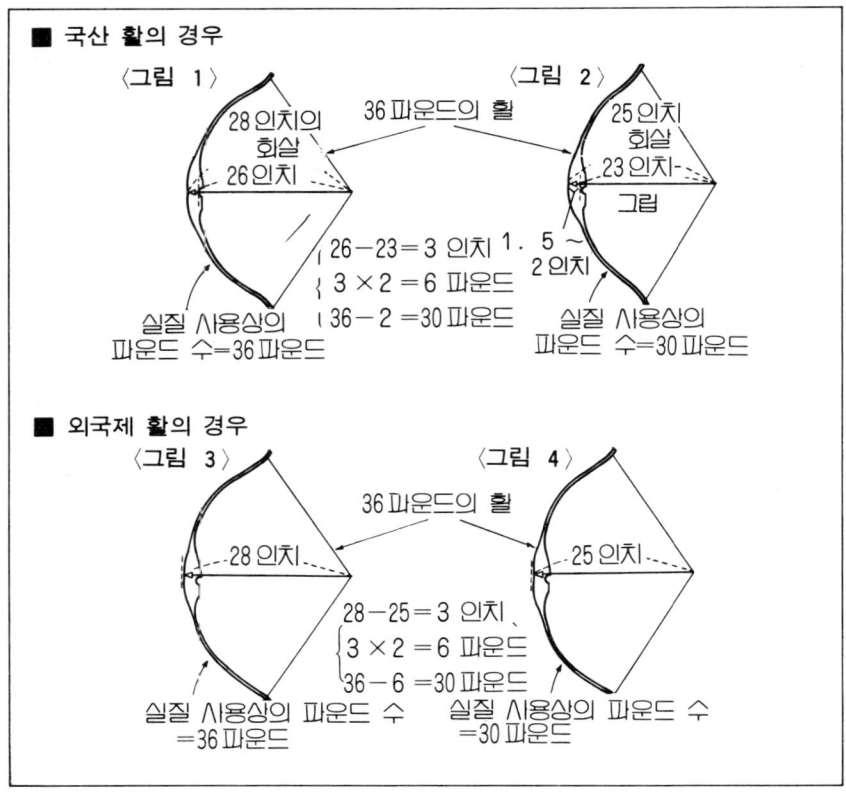

처음은 국산의 싼 것으로 시작하고, 능숙해지고 힘도 생기고 하면 좋은 것으로 바꾸어 가는 것이 좋다.

뮌헨 올림픽 제 5 위의 아메리카 에리더슨 선수

톱 양궁 선수가 되면 같은 1616의 화살이라도 더욱 가는 스파인을 맞추기 위하여 24SRT, XX75, X 7 의 3 종류를 나누어 사용해 볼 필요가 있을 것이다.

3 종류 중 24SRT가 가장 스파인이 딱딱하고, X 7 이 그 다음이고, 제일 부드러운 것은 XX75 이다.

이들 중 어느 것이 가장 그 사람에게 맞는지는 실제 쏘아보는 것에 의해 테스트해 보는 방법 외에는 없다. 개중에는 스파인표에 맞지 않는데도 적중률이 가장 좋은 경우도 있을 수 있다. 이것은 그 사람의 날리는 기술 등의 요소에 의해 다소 차이가 나기 때문이다. 또 스트링 하이트와 스파인, 애롭 레이트를 내는 상황에 따라서도 더욱 가늘게 스파인을 조절할 수 있다.

활과 화살에 대한 여러가지 상식

● 스트링 하이트와 스파인에 관한 어드바이스 - 에리어슨 선수(아메리카) 의 이야기—

스트링 하이트는 화살이 활에 따라 양궁선수에 따라 달라지는 것과 마찬가지로, 또 언제나 똑같이 쏠 수 없는 것과 마찬가지로, 여러분이 가지고 있는 활에 따라 달라집니다. 양궁선수가 다르기 때문에, 스트링 하이트도 사람에 따라 각각 다릅니다. 한 사람 한 사람에게 있어서, 또 하나 하나의 활에 있어서 바른 스트링 하이트를 찾기 위한 하나의 방법이 여기에 있읍니다.

우선 과녁에서 3 피이트(약 1m) 떨어져서 섭니다. 그 전에 프라 깃털이나 페더에 의해 바른 놋킹 포인트를 잡아 둡니다. 놋킹 포인트도 활이나 사수에 의해 달라지며 그립에 의해서도 역시 달라집니다.

자 언제나 과녁에 향하여 하듯이 과녁을 향하여 쏘아 봅시다. 그리고 만일 그림과 같이 화살의 녹이 사수의 오른쪽에 있으면 그 화살은 그 활과 사수에 있어서 스파인이 단단한 것입니다.

그것은 스파인표가 나쁜 것도 활의 메이커가 나쁜 것도 아닙니다.

이 단단한 화살을 바르게 하려면 당신의 스트링 하이트를 1/4에서 1/2 인치 낮추어야 합니다.

이렇게 하여 다시 화살을 쏘아보십시오. 그 화살이 스파인의 위에서 사

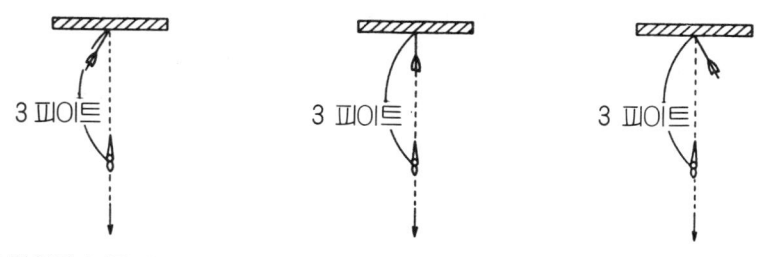

3 피이트 / 3 피이트 / 3 피이트

스파인이 부드럽다. →스트링 하이트를 높인다.

스파인이 단단하다→스트링 하이트를 낮춘다. 과녁면을 수직으로 세울것

스파인이 잘 맞아있다.

수나 활에 맞는 것이라면, 그 화살은 과녁에 똑바로 또는 중심 왼쪽으로 날아갑니다. 이 반대도 바르게, 화살이 스파인에 있어서 가벼운 경우, 스트링 하이트를 높이면, 화살은 과녁을 향하여 똑바로 날아가 꽂힐 것입니다. 이 시점에 있어서 당신의 애로레스트를 화살이 제일 많이 모인 곳에 조정합니다. 나는 애롭레이트를 90m에서는 밖으로 내고, 30m에서는 가운데에 넣고 있읍니다.

당신이 바른 스트링 하이트를 발견 할 수 있으면, 당신은 애롭레이트를 안이나 밖으로 자유로이 움직일 수 있읍니다. 그리고 당신의 화살은 아름답게 날아 과녁 한 가운데를 맞출 것입니다.

● 양궁(洋弓) 파라독스

실제로 활은 쏠 때, 활과 화살과 양궁선수의 관계는 어떻게 되는것일까? 여기에서 활과 화살을 바르게 선택하기 위한 예비 지식으로써 양궁(洋弓) 파라독스 표상을 알아두기 바란다.

화살 쏘기가 완료된 다음, 현이 화살을 누르고, 활에서 화살이 떨어진 순간 화살은 활에 샤프트를 강하게 눌러 구부려져, 더욱 그 반동으로 활을 구부러뜨리며 활에서 떨어져간다. 그 때문에 깃털은 레스트에서 조금 떨어진 곳을 통과하고 그 후 반동으로 구부러지고, 수회 뱀과 같이 사행한 다음 화살은 수정되어 똑바로 날아간다. 이와같은 일련의 현상을 양궁 파라독스라고 한다.

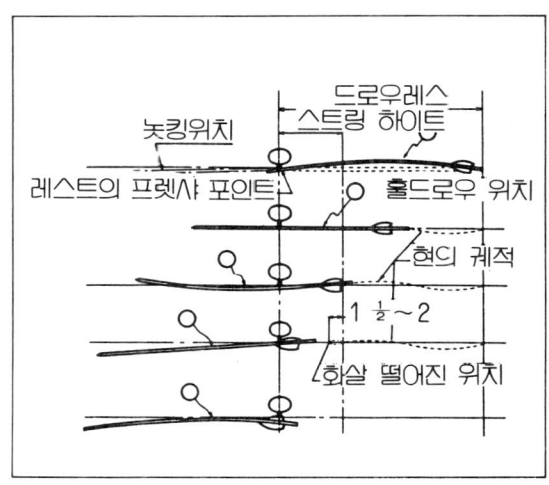

■ 양궁(洋弓) 파라독스

파라독스의 상태는, 궁구와 사수 각각 다르며 그 원인으로써 ①화살의 스파인, ②의 강도, ③당기는 폭, ④떨어뜨리는 기술, ⑤애로레스트의 위치와 구조, ⑥화살의 깃털의 재질과 크기 등을 들수 있으며, 이 어느것이 나빠도 완전한 파라독스 현상을 일으킬 수 없다. 그 때문에 레스트나 화살에 깃털이 스치거나, 불규칙한 화살 구부러짐이 생긴다.

특히 스파인이 맞지 않는 경우 나쁘게 화살이 날며, 수정되지 않고 구불구불 구부러진 채 화살이 날아간다. 톱 양궁선수의 대부분은 스파인이 있는 화살을 사용하며, 기술적으로 잘 날도록 하며, 깃털이 레스트에 닿거나 활에 스치거나 하지 않는다. 그러나, 초보자는 스파인이 있어도 날리는 기술이 나쁘기 때문에, 깃털이 레스트에 닿거나 활에 닿거나 하여 적중을 방해하는 경우가 많다. 깃털이 레스트에 닿아있으면, 거기에 깃털이 스친 옆 상처가 나기 때문에 이내 알 수 있다. 그 경우는, 기술 개량과 함께 프렛샤 포인트를 내듯이 하여 가능한 한 깃털이 레스트에 닿지 않도록 연구한다.

● 파라독스와 레스트의 관계

이 파라독스 현상으로 배울 수 있는 것은, 처음 화살이 활을 강하게 누르기 때문에 샤프트가 닿는 부분의 재질, 및 그 구조가 중요하다는 것이다.

■ 파라독스 현상에 의한 활과 화살의 관계

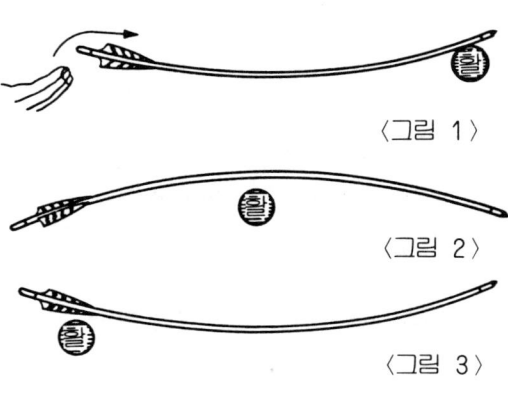

〈그림 1〉
〈그림 2〉
〈그림 3〉

〈그림 1〉 릴리이스한 순간. 화살은 활의 안쪽을 강하게 누르듯 구부러진다.

〈그림 2〉 다음에 화살은반동으로 활을 안듯이 구부러지고, 샤프트는 활에서 떨어진다.

〈그림 3〉 그 반동으로 화살이 반대로 구부러지고, 활에서 떨어진 후도 잠시 뱀과 같이 사행하고, 그것이 점점 적어져 수정되어간다. 스파인이 있는 경우는 그 사행은 육안으로는 볼 수 없고, 똑바로 날아가는 것만 볼 수 있다. 깃털은 레스트에 닿지않고 떨어져간다.

즉 레스트에 프렛샤 포인트의 재질은 단단한 것일 경우에는 초속(初速)이 생기고, 너무 부드러운 경우에는 마찰에 의해 그다지 초속(初速)이 나오지 않게 된다.

또 프로후렉스나 프렛샤 포인트가 압력이 걸린 순간 안쪽에 탄력을 주게 되어 당겨지도록 만들어져 있다는 것과, 화살이 활을 누를 때의 쇼크를 누그러뜨려, 그만큼 화살의 사행이 적어지고, 또 에네르기의 소실이 적어지기 때문에, 적중에 유리하게 된다는 것을 생각할 수 있다.

그러나 그 경우 떨어짐이 항상 일정해야할 필요가 있으며, 그렇지 않은 경우는, 한발 한발 프렛샤 포인트를 누르는 정도가 달라져 적중이 오히려 엉망이 되는 경우가 있다. 따라서 초심자는 움직이지 않는 프렛샤 포인트를 사용하는 편이 좋다.

가동식 프렛샤 포인트로 되어 있는 것을 쿳숀 프렛샤 라고 하며 상급자는 이것을 사용하고 있다.

활과 화살 이외의 도구(道具)

● 활 화살 이외의 꼭 필요한 7 가지 도구
① 암 가아드

피혁 제품이 많고, 때때로 프라스틱도 좋은 것이 있다. 누르는 손(보우 암)안쪽을 보호하기 위한 것으로, 초보자는 화살을 쏠 때 현이 팔을 치는 경우가 있어, 암 가아드를 잊으면 빨갛게 붓는 경우가 있다. 또 긴팔 셔츠 등을 팔에 고정시켜 활을 당기는데 방해가 되지 않도록 하는 기능도 한다.

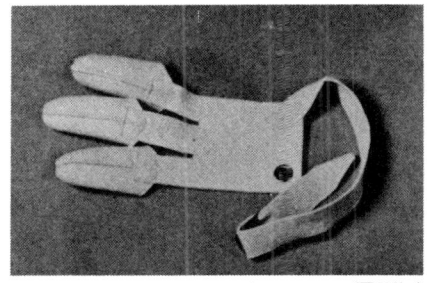
글러브

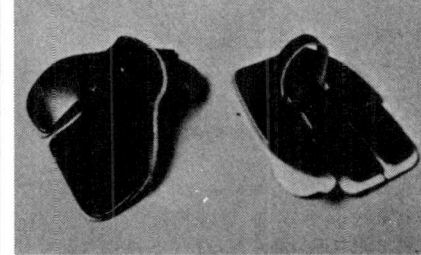
타브

양궁선수의 훌륭한 릴리이스 (타브사용)

② 글러브 또는 타브

현의 마찰로부터 손가락을 보호하기 위해서이고, 또 한 가지는 매끄럽게 릴리이스 할 수 있도록 하기 위해서이다. 손가락 보호에는 글러브 쪽이 좋은데, 릴리이스는 타브 쪽이 좋다고 하는 선수가 많으며, 세계 선수권에서는 압도적으로 타브 사용자가 많다.

외국제 타브는 크기 때문에 자신의 손에 맞추어 잘라 사용하면 좋다.

〈칸타핀치가 달린 타브〉

화살을 많이 당기는 중에, 사람에 따라서는 인지 또는 중지에 물집이나 못이 박히는 사람이 있다. 이것은 녹을 강하게 누르기 때문에 생기는 것이며, 릴리이스 때 손가락으로 화살을 너무 누르는 것은 화살이 거칠어지는 원인이 된다. 그런 사람은 이 칸타핀치를 사용하면 좋다. 또 칸타핀치를 사

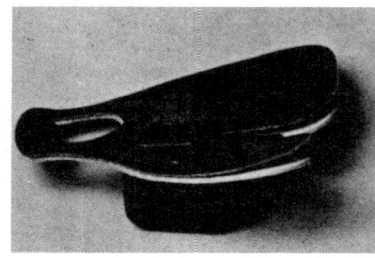

칸타핀치가 달린 타브

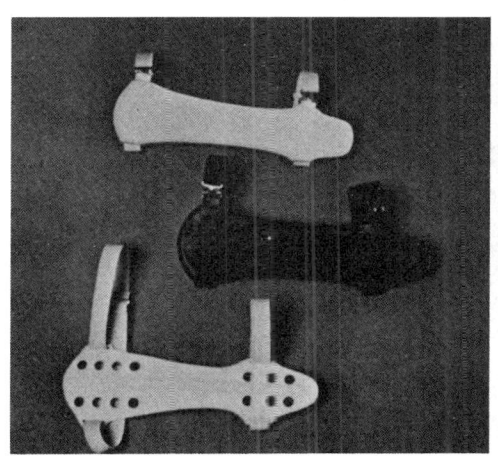
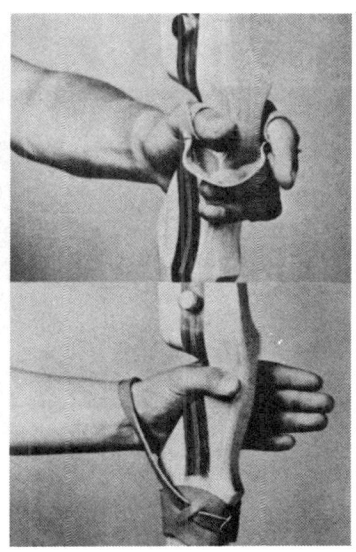

암 가아드

위 : 핑거 스링
아래 : 보우 스링

용하면 화살이 다소 위로 가기 때문에, 사이트를 조금 올리게 된다. 외국제 칸타핀치를 사는 경우는 사이즈가 클 것이므로 손에 맞추어 잘라 사용한다.

〈언카팟트가 달린 타브〉

타브에 금속이나 프라스틱으로 만든 언카팟트를 붙여도 상관없다. 언카가 일정해지기 때문에 이점이 있다.

③ 케이버(화살 넣는 것)

화살을 넣어 들고다니기 위한 것으로, 허리에 나리는 화살통 모양, 포켓 모양, 등에 메는 숄더 케이버 등 각종이 있으며, 무늬가 있는 가죽제품도

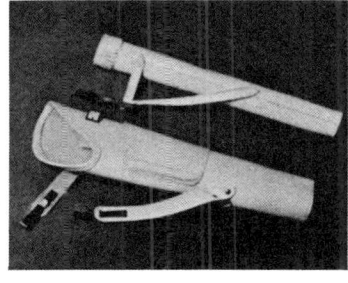
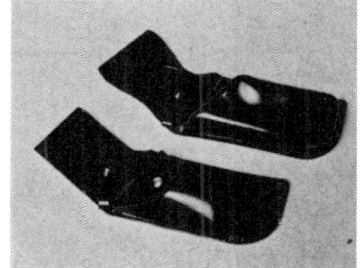

케이버

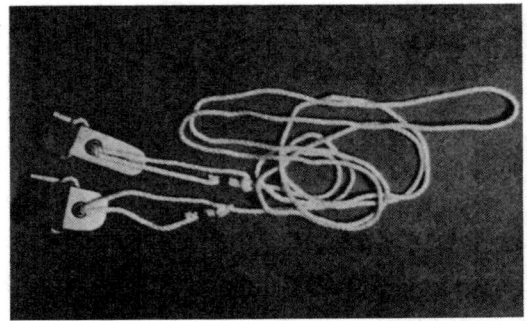
스트링거

보우 케이스

많다.
　④ 핑거 스링 또는 보우 스링
　화살을 쏠 때, 손에서 활이 튀지 않도록 손가락이나 손목 또는 활에 달린 끈.
　현대 양궁(洋弓)에 있어서 기술면에서 이 핑거 스링, 보우 스링은 필수품이 되어 있다.
　⑤ 스트링거 (활을 치기 위한 보조현)
　활을 비틀어지지 않게 그리고 약한 힘으로도 활에 현을 치기 위해 필요한 것. 현을 걸 때,
　스트링거를 사용하면 편하고 안전하다.
　⑥ 보우케이스
　활을 들고 다니는 경우가 많은데, 이때는 반드시 보우 케이스에 넣어 들고 다녀야 한다.
　⑦ 애로 케이스

애로 케이스

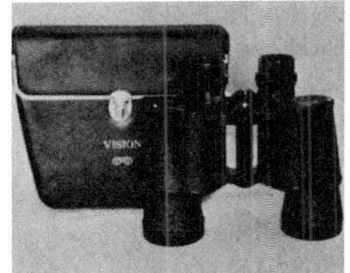
쌍안경(8배 이상의 것이 좋다)

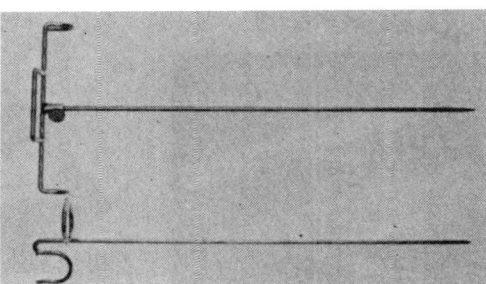
스탠드 케이버

 마찬가지로 화살은 구부러지기 쉽기 때문에, 애로 케이스에 넣어 다른 용구도 애로 케이스에 넣도록 되어 있는 것으로, 처음에 준비해 놓는 것이 좋다. 이상의 것이 있으면 일단 활은 쏠 수 있으나, 경기에 나가거나, 톱 양궁선수가 되기 위해서는 거기에 다음과 같은 것이 첨가될 필요가 있다.

● 경기 대회나 연습 시간에 필요한 것
① 쌍안경 : 90m 등 자신의 화살이 어디에 적중되었는가를 확인하는 데에 필요하다.
② 스탠드 케이버 : 여비 화살을 두거나 활을 걸어두는데 편리.
③ 파우더통 및 파우더 : 타브나 글러브의 미끄러지는 정도를 적당하게 하기 위해 파우더를 때때로 묻힐 필요가 있다.
④ 가슴 대기 : 특히 여자에게 유용하다. 남자도 겨울 등 두꺼운 옷을 입을 때 가슴에 현이 닿지 않도록 가슴 대기를 한다.

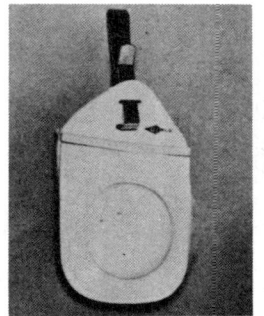
파우더통

가슴 대기

⑤ **바꿈 현**: 끊어지면 이내 교환할 수 있도록 2개 이상 준비해 두는 것이 좋다.

⑥ **휘스트멜게이지**: 스트링 하이트가 적당하게 되어 있는가를 때때로 재는데 필요.

⑦ **왁스**: 현에 가볍게 발라둔다. 특히 비가 올듯한 때는 미리 잘 칠해 둔다.

⑧ **필기 용구**: 연필, 기록 용지, 자신의 점수를 틀림없이 기록해 두는 것이 좋다.

⑨ **순간 접착제**: 현이나 녹킹 포인트가 풀어졌을 때 이내 접착시킨다.

⑩ **접는 의자**: 경기 때 피로를 덜어준다.

⑪ **안약**

⑫ **시리콘**

⑬ **근육 피로 회복약**

⑭ **썬그라스**: 눈이 부실때를 대비하여 둔다.

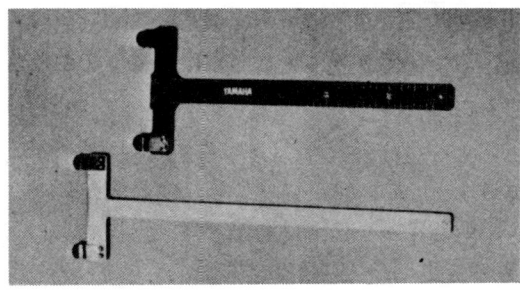
휘스트멜게이지

왁스

짚으로 만든 과녁

후렛챠

⑮ 모자 : 일사병에 들리지 않기 위하여
⑯ 비옷 : 비에 젖지 않도록
⑰ 타올 : 땀이나 비를 닦기 위하여.

● 톱 양궁선수로서 집에 준비해 두어야 할 것

① 간단하게 짚으로 만든 과녁 : 집에 비치해 두고, 매일 폼에 주의하면서 연습하기 위한 것.

② 후렛챠(깃털 다는 기구) : 접착제, 여분의 화살 깃털, 여분의 녹을 준비해 두는 것이 바람직하다.

③ 스트링 서어버 : 자신이 현을 만드는데 필요.

● 용구(用具)의 손질
〈활〉

① 그라스 화이버제의 활은 비에 젖어도 변화하지 않지만, 비에 젖은 다음은 반드시 잘 닦아 습기를 제거한다.

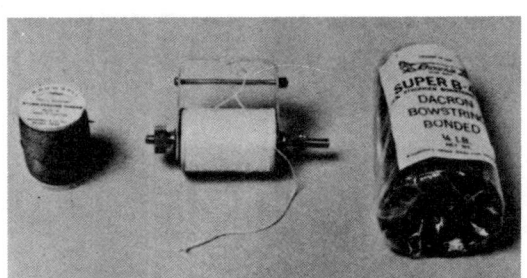
스트링 서어버

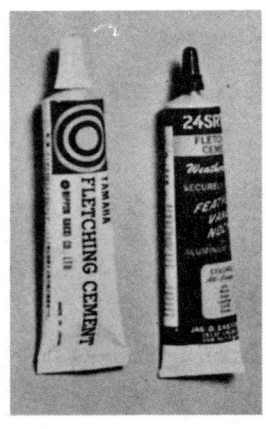
접착제

② 왁스(자동차용 또는 피아노 건반에 칠하는 것이 좋다)를 때때로 발라 둔다.
단 같은 방향으로만 문지르도록 한다.
③ 활을 장시간 세워 두지 말 것.
옆으로 두던가 매달아 두던가 하여 한쪽 방향으로만 중량을 걸어두지 않도록 한다.
④ 사용하지 않을 때는, 현은 반드시 풀어 둘 것.
⑤ 현을 달거나 풀 때 활을 비틀지 않도록 주의한다.
⑥ 현에 왁스를 잘 발라 둘 것.
⑦ 뺀 현은 끊어지지 않도록 잘 보관해 둘 것.

〈화살〉
① 녹이 슬지 않게 시리콘(골프용이 좋다)을 칠하여 잘 갈아둘 것.
② 화살을 둘 때 무엇인가 위에 얹어지지 않도록 한다.
③ 구부러진 화살은 사용하지 말 것.

3
양궁을 배우자

용구를 준비하자

● 용구는 얼마나 드는가

지금부터 활을 시작하려 하는 사람은 연습용이라도 자신의 도구를 갖는 것이 이상적이다.

그러나 자신의 활을 갖고 싶을 때 주의해야 할 것은 처음부터 너무 강한 활을 사지 말도록 해야 하는 것이다. 왜냐하면, 너무 강한 활은 바른 폼을 익히기에 매우 어렵기 때문이다. 그러므로 처음에는 싸고 약한 활을 사용하고, 서서히 강한 활로 옮겨가는 것이 좋다. 단 화살은 자신의 리치에 맞는 것으로, 활의 강도에 대하여 스파인이 맞지 않으면 안되므로, 전문점에서 상담하는 것이 좋다.

완전히 새 궁구를 준비하는 데는 어느 정도나 드는가? 같은 궁이라도 국산의 싼것에서부터 외국제의 고가인 것까지 많이 있지만, 초보자용 궁구는 약 3십만원 정도면 준비할 수 있다.

활을 샀으면 자신이 놋킹 포인트를 만들지 않으면 안된다.

바른 현 치는 방법과 푸는 방법

활을 쏘는데는 우선 활에 현을 거는 방법을 알지 않으면 안된다. 틀리면 활이 비틀어 지거나 부러지기 때문에 바르게 준비하도록 주의를 기울여야 한다.

● 풀·풋쉬법

활의 그립 또는 그 조금 위를 잡고, 발을 반보 앞으로 내고, 사진과 같이 활의 아래끝은 신발에 대고, 땅에 닿지 않도록 받친다.

그리고, 활의 그립을 가깝게 당기는 것과 동시에 어퍼림을 아래쪽에 눌러붙이고, 재빨리 현을 미끄러뜨려 넣는다. 팔의 힘으로가 아닌, 허리를 넣어, 팔의 힘으로 걸도록 하면 편하게 될 것이다. 풀 경우는, 같은 자세에서 반대로 눌러 활을 느슨하게 하여, 현을 손가락으로 빼고 살며시 활을 편다.

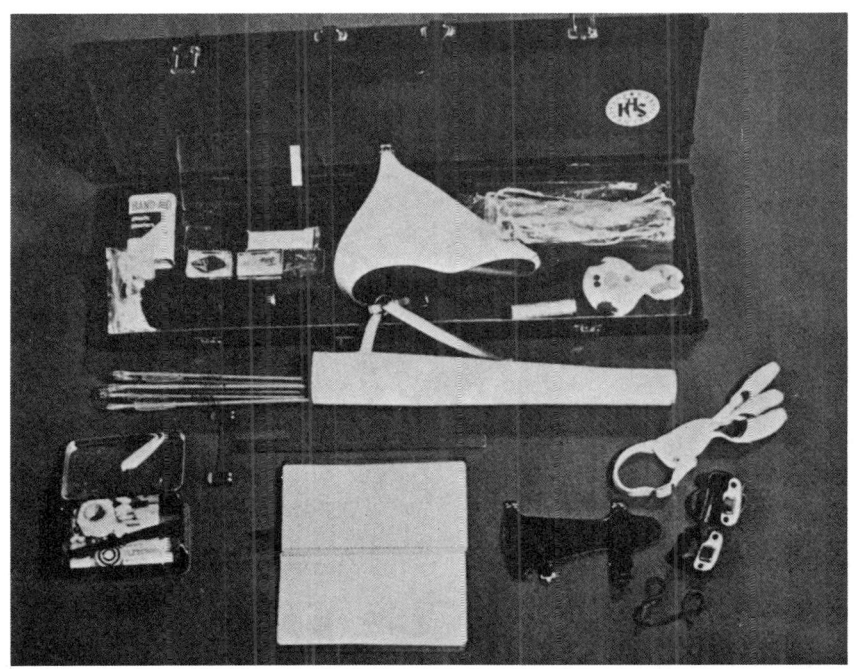

활 이외의 용구 일체

스트링거법은 제일 편한 방법이다

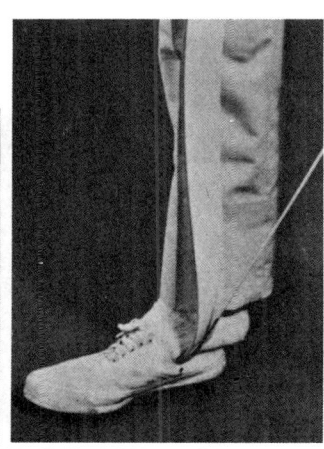

활의 끝은 흙이나 돌에 스치지 않도록

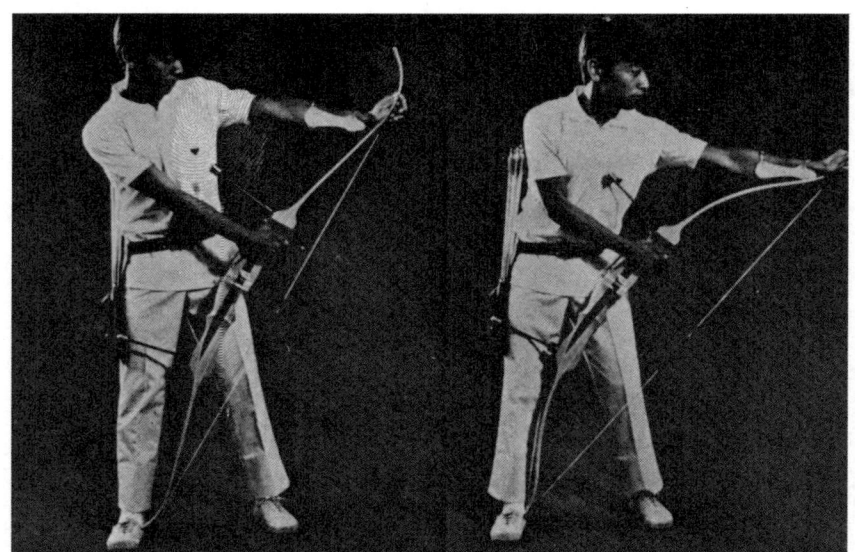

풀·풋쉬법　　　　　　　　허리의 힘으로 현을 걸도록 한다.

스텝·인법 (강한 활을 걸 때에 좋다)

하이앙카 사법

● 스트링거렙(현 거는 보조 현)

이 방법은 제일 안전하고 힘이 들지 않는다. 그리고 활을 비틀 염려가 없기 때문에 가장 현을 거는 데에 좋은 방법이다. 보조현은 현 보다 20cm 정도 긴데, 그 양 끝을 홀의 테이프에 단단히 붙이고, 그 중심 부근을 발로 밟고, 사진과 같이 그립을 당겨 올리면서 재빨리 현을 넣는다. 풀 때도, 마찬가지로 그립을 당겨올리고, 현을 느슨하게 하여 현을 뺀다.

현을 걸 때, 아래쪽의 녹에 현고리가 단단히 걸려있는 것을 확인한 다음 거는 것이 중요하다.

● 스텝 · 인법

이것은 주로 강한 활에 현을 걸때 사용한다.

사진과 같이 한쪽 발을 현과 활 사이에 넣고, 활의 아래끝을 발등 밖쪽, 또는 발에 낀 가죽에 댄다. 그리고, 그립을 넓적다리 뒷쪽에 붙이고, 왼손으로 활의 상부를 앞으로 누르고, 오른손으로 현을 재빨리 넣는다.

〈현을 걸 때의 주의〉
① 현 고리가 상하 양끝 모두 바르게 걸려있는가 어떤가를 확인한다.
② 현이 활의 중심에 와 있는가를 확인한다.
③ 스트링 하이트를 측정해 본다.

양궁의 연습을 하자

● 초보자의 연습 방법

궁구(弓具)가 준비되었으면 다음은 연습인데, 가깝게 활터가 있으면 좋지만 없으면 궁구와 함께 짚으로 만든 과녁을 사서 정원 구석에 설치하여 폼을 바르게 몸에 익히는 것이 중요하다.

하기 시작했으면 매일 연습하는 것이 좋다. 목적에 따라서 필드 양궁을 목표로 하면 앙카 사법(射法)을 몸에 익히도록 우선 하이 앙카를 마스터한

로우 앙카 사법

연습은 우선 가까운 거리에서

어깨에 힘이 너무 들어가 어깨가 올라가 있는 폼

누르는 손의 어깨는 힘을 빼고 내려 낮게 유지하면서 당기는 것이 바른 폼

다. 타켓트의 경우는 로우앙카 사법을 직접 연습해도 좋다.
 처음은 장거리부터 쏘지말고 5～6m의 근 거리에서 연습하고, 어느 정도 화살이 정돈되면 서서히 거리를 넓혀간다. 가능한한 활을 잘 아는 지도자에게 지도 받는 것이 제일 바람직하다.
 폼이 굳어지면 다음 30m 거리에서 당겨본다. 30m, 36사로 300점 이상 나오게 되면, 이미 일류 선수 사이에 들어갔다고 생각해도 좋다. 그때는 FITA 올 라운드 시합에 나갈 수 있는 자격은 충분하다.
 또 초보자는 폼이 굳어지기 전에 장거리를 당기면 형이 깨어져 버리고 진보가 늦어진다. 그러므로 크릿카는 결코 빨리 사용해서는 안된다. 바른 사법은 기본 기술을 참고하는 것이 바람직하다.

● **트레이닝은 어떻게 하면 좋을까**
 활에서 제일 중요한 것은 지구력, 즉 활은 몇초 가지고 있어도 떨지 않는 근육이 필요하다. 그러나 거의 대부분의 초보자는 약한 궁을 들고 있어도 부들부들 떤다.
 매우 힘이 있는 사람이라도 지구력은 그다지 없는 경우가 있다. 그러므로 활의 연습과 함께 팔의 트레이닝을 하는 것이 중요하다.
 처음에는 우선, 팔 세우기(10초 정도 구부린 채 정지시켜 둔다)를 10회 정도 매일 하고, 서서히 횟수를 늘려간다. 그렇게 하면 점점 활을 편하게 당길 수 있고, 떨리지도 않게 된다.
 또 활에 화살을 걸지말고 10초에서 15초 정도 당겨 되돌리는 연습도 매일 하면 좋다. 그리고 연습 전에 준비 체조를 하는 것을 잊어서는 안된다.

● **초심자가 연습중 주의해야 할 결점**
 ① 어깨에 힘이 너무 들어가면 어깨가 올라간다
 초보자는 무리하게 힘을 사용하기 때문에 누르는 손의 어깨가 올라가 버린다. 이와 같이 누르는 손의 어깨가 올라가면 결코 좋게 쏠 수 없다.
 이와 같은 때, 셋트업으로 마음껏 숨을 내뿜으면서 어깨를 내리고, 그대로 올리지 말고 당겨가는 연습을 한다. 어깨가 내려간 채 당길 수 있을 때까지, 화살은 끼지 말고 빈활로 반복하여 연습한다.
 ② 눈을 감는다
 초보자는 릴리이스할 때 두려워 눈을 감는 사람이 많다. 그 때문에 활을 신체에서 떨어뜨려 당기는 사람이 있는데, 결코 활을 당기다가 부상을 당

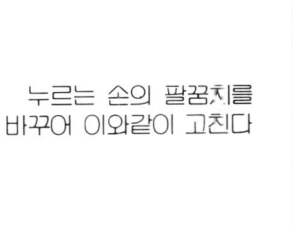

팔꿈치를 젖혀 스치지 않도록 하는 것에 의해 우수한 성적을 올리고 있는 양궁 선수

누르는 손의 팔꿈치를 바꾸어 이와같이 고친다

하거나 하는 일은 없으므로, 무서워하지 말고 홀을 몸에 당겨붙이고 쏘는 연습을 한다.

③ 손가락에 힘을 너무 넣는다

드로잉할 때 레스트에서 화살이 떨어져가는 사람이 있는데, 이것은 당기는 손의 손가락에 힘이 너무 들어가 있기 때문인데, 이런 때, 손가락의 힘을 빼고, 팔꿈치의 힘으로 당길 수 있게 되면 고쳐진다. 결코 손가락만으로 자신쪽으로 당기려고 해서는 안된다.

④ 팔꿈치가 내려간다

누른손의 어깨가 올라가는 반동으로써 당기는 손의 팔꿈치가 내려가는 사람이 있는데, 당기는 손의 팔꿈치는 마음껏 올리고, 적어도 화살의 선보다 당기는 손의 팔꿈치 끝이 올라가도록 한다.

⑤ 누르는 손을 현이 친다

일반적으로 많은 초보자는 현으로 팔을 쳐 붓는 사람이 많다. 그래서

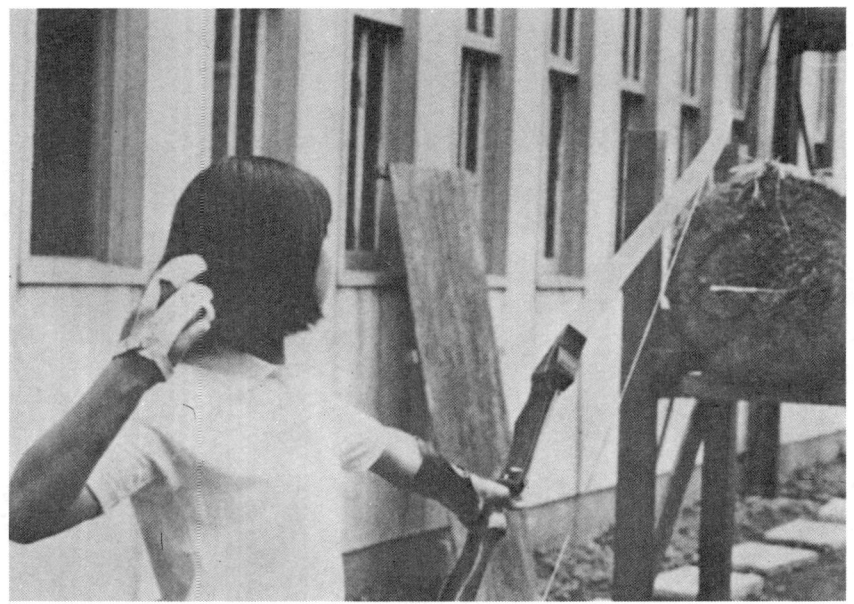

누르는 손이 내려간다.

이 때문에 활을 싫어하게 되는 사람조차 있다.
 이것은 누구나 한번은 경험하는 것인데, 연습에 의하여 이내 없어진다.
 누르는 손의 팔, 특히 87페이지 사진과 같이 안쪽에 팔꿈치가 나와있는 사람은 치기 쉽기 때문에 이런 사람은 팔꿈치를 마음껏 밖으로 젖혀, 팔꿈치를 현이 지나는 위치에서 떨어뜨린다. 또 그립을 조금 떨어뜨려 쏘도록 한다.
 그 외 누르는 손의 어깨가 앞으로 나와도 치고, 누르는 손의 그립이 너무 들어가도, 너무 빠져도 치기 때문에 그 점을 고치도록 해야한다.
 ⑥ **누르는 손이 내려가거나 앞 쪽으로 되돌려지거나 한다**
 누르는 손이 활의 강도에 지면 누르는 손이 내려가거나, 가슴이 수축되듯이 누르는 손이 앞쪽으로 되돌아온다. 이것은 좋지 않으므로 가능한 한 누르는 손은 움직이지 않도록 펴둘 것.
 ⑦ **활을 잡지 말라**
 초보자는 활을 강하게 잡는다.

활의 그립은 가볍게 잡도록 한다.
⑧ 만세 쏘기
 화살을 쏠 때, 만세를 하듯이 쏘거나, 또는 당기는 손의 손가락이 되돌아가 멀어지는 사람이 많다.
 이것은 화살을 놓을 때 화살의 방향으로 똑바로 뻗어 두고, 쏜 다음 당기는 손의 손가락이 신체의 어딘가에 반드시 붙어 있도록 연습하는 것이 좋다.

● 능숙해 지는 요령
 챔피언도 처음에는 초보자였던 것이다. 능숙해 지는 요령은 시작한 처음부터 매일 연습하는 것이다.
 처음 어느 정도까지 능숙해지는 것이 빠르지만, 그 후 어쩐일인지 적중되지 않는 시기가 찾아온다. 이때 하나의 벽에 부딪치게 되는 것이다. 그때 노력을 더욱 기울여 그 벽을 깨고, 또 급격한 진보를 거두면, 드디어 또 다음 벽이 찾아온다. 그것을 깨는 중 모르는 사이에 톱 양궁선수 사이에 끼게 되는 것이다.

바른 폼으로⋯ 활이 손에서 튈 정도. 누르는 손도 내려가지 않았다.

만세 쏘기

● 안전 룰과 에티켓

양궁을 즐길 때 신사의 스포츠로써 지켜야 할 룰과 에티켓이 있다. 특히 안전을 유지하기 위한 룰은 엄격하게 지켜야 한다.

① 화살을 맞추지 않고 활을 당겨 릴리이스를 해서는 안된다. 현을 끊거나 활을 상하게 하는 원인이 된다.

② 활을 거꾸로 구부리지 않도록.

③ 공중을 똑바로 겨누어 화살을 쏘아서는 안된다. 어디에 떨어질지 모르므로 위험하다.

④ 화살을 맞춘 활을 장난으로라도 사람에게 행해서는 안된다.

⑤ 복장은 가능한 한 심플하게 할 것. 보턴이나 넥타이에 현이 걸려 화살이 빗나가는 경우가 있다.

⑥ 타브(글러브), 암 가아드를 잊지 말 것.

잊고 팔을 치면 붓게 된다.

⑦ 과녁 가까이 사람이 있을 때, 결코 화살을 쏘아서는 안된다.

⑧ 과녁에서 화살을 뺄 때, 다른 사람의 얼굴을 찌르지 않도록 주의한다.

⑧ 뒤에 사람이 없는 것을 확인하고 화살을 뺄 것.

⑨ 허가없이 다른 사람의 활이나 화살을 만지거나, 당겨보거나 하지 말 것.

⑩ 연습 때도, 신호를 하든지, 활터장의 호각 등에 따라 일제히 활을 쏘

활을 단단하게 잡고 있다. 조금 만세 쏘기 자세가 되어있다.

다른 사람이 쏘는 것을 보는 것도 중요한 일이다.

고 뽑는다.
⑪ 잘게 연속 호각이 울릴 때는 위험 신호이므로 이내 쏘기를 멈춘다.
⑫ 양궁선수는 모두 친구라고 생각하고, 모르는 사람이라도 인사를 한다.
⑬ 신사의 스포츠이므로 매너를 주의한다.

● 양궁 연맹 회원이 되자

각 시도에 각각 양궁 협회(연맹)가 있고, 그 아래에 또 각 지부가 있다.
경기 대회에 출장하기 위해서는 우선 각 시드클럽에 입회하여, 그곳을 통하여 경기자로써 등록 회원이 되는 것이 중요하다.
또 학생에게는 학생 연맹이 있고, 학연(学連)에 가입하여 있는 대학 양궁부에 들어가 등록하는 것에 의해 회원이 된다.

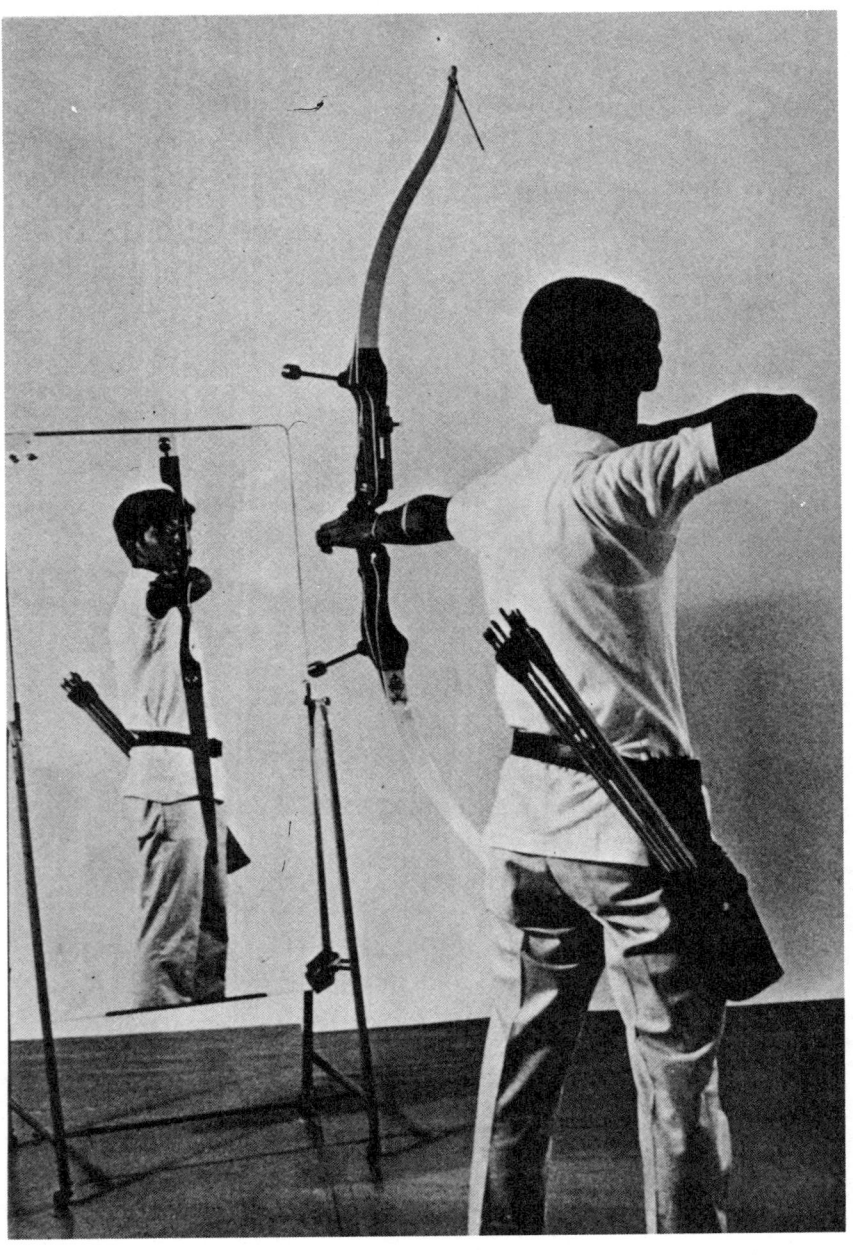

4
양궁의 기본 기술

기본 기술

활을 쏠 때, 바로 사형(射型)과 침착한 정신 상태가 필요하다. 자주 활은 맞기만 하면 되는 것이므로 폼 따위는 아무래도 좋다 라고 말하는 사람이 있는데, 나쁜 폼에서 좋은 사(射)는 생기지 않는다.

일시적으로 적중해도 반드시 이내 빗나가게 된다.

물론 활의 즐거움은 적중하는 것에 있으며, 자신이 겨냥한 곳에 화살이 날아가 중심 골드에 박히듯 적중할 때, 활의 즐거움은 배가된다. 그러므로 바른 기본 사형(射型)을 마스터하는 것이 중요하다. 적중에만 신경을 쓰면 기본 폼이 소홀해지므로 항상 기본에 충실하게, 바른 활을 당기려는 마음가짐을 가져야 한다.

양궁의 사법(射法)이란, 활 화살을 가지고 쏘기를 실시하는 경우의 사술(射術)의 법칙으로 1개의 화살을 쏘는 과정이며, 그 운행의 원칙으로써, 적중에 대한 정확함과 가치감의 추구를 들 수 있다. 즉, 그저 적중시키는 것이 아니고, 모두가 밸런스 있게 유지된 가운데 적중하는 것이 훌륭한 것이다.

그를 위해서는, 마음(투철한 사심(射心))·기(技 : 합리화된 기술)·체(体 : 안정된 사형의 폼)의 완성을 목표로, 우선 그 사법(射法)·사형(射型)을 정확하게 이해하고, 마스터하는 것이 중요하다.

● 스탠스(발 자세)

스탠스는 활을 쏠 때 모든 기초가 되는 최초의 발 준비이다. 화살이 바르게 과녁에 맞기 위해서는, 우선 바른 자세를 만드는 것이 중요하며, 그를 위해서는 스탠스부터 세심한 주의를 기울여 항상 일정한 스탠스를 유지해야 한다. 외국 선수도 자신의 스탠스를 일정하게 하기 위해, 발끝에 파우더를 하얗게 바르고 표시를 하거나, 선을 그려 두고 같은 장소에 스탠스 하도록 하고 있다.

① 스트레이트 스탠스

스트레이트 스탠스는, 사선을 중심으로 양발 끝이 과녁의 중심과 일직선이 되도록 선다. 그 발 벌리는 각도는 약 20~60도로, 양발 간격은 자신의 어깨 폭 정도가 좋다.

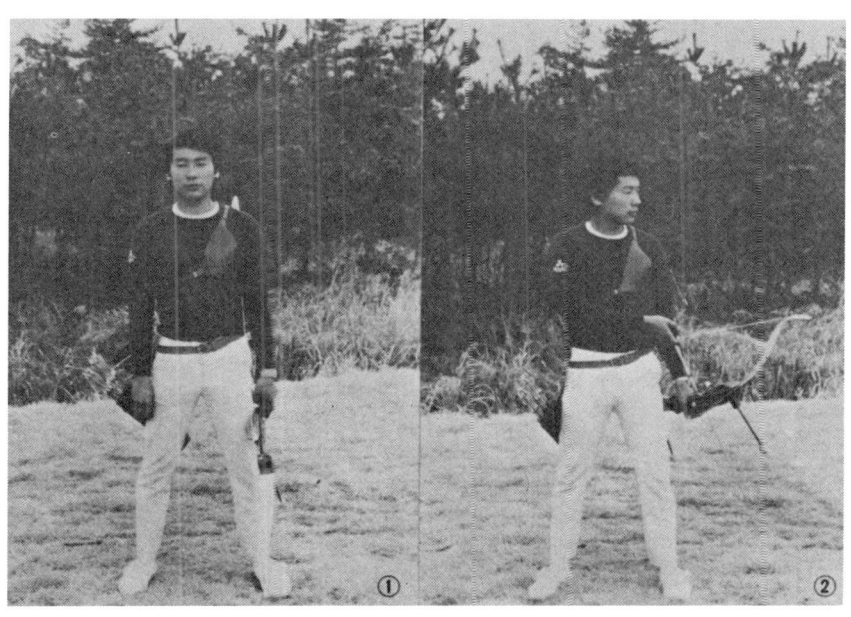

① 스탠스(발 자세)와 셋트(동체의 자세)
② 녹킹(화살 맞추기)
③ 셋트업에서 드로잉(나누어 당기기)
④ 훌드로우(会)
⑤ 릴리이스에서 폴로우스루(잔신 : 殘身)

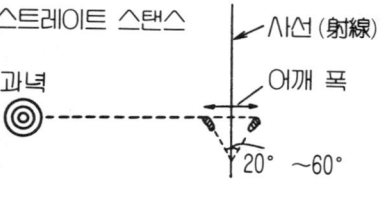

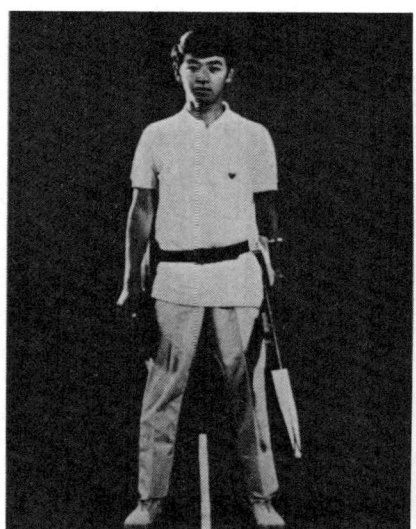

스트레이트 스탠스(발은 어깨 폭 정도로 벌린다)

여자의 스트레이트 스탠스는 남자보다 약간 좁다

〈주의〉
● 발을 너무 좁게 벌리면 불안정해지기 쉽다.
● 발을 너무 벌리면 안정은 되지만, 사(射)가 굳어져 스무스한 릴리이스가 어려워진다.
● 항상 매회 같은 위치에 스탠스할 것.
● 체중을 한쪽 발에 너무 걸지 말 것.
● 발을 벌리는 각도는 자신이 가장 안정된다고 생각되는 각도로 할 것.

② 오픈 스탠스
이 스탠스는 그림(P. 97)과 같이 양발의 끝과 과녁이 일직선이 아니고, 신체를 약간 과녁 방향으로 돌리기 때문에, 과녁 가까운 쪽의 발끝이 과녁

■ 사법 8절
1. 스탠스
2. 셋트
3. 놋킹
4. 셋트업
5. 드로잉
6. 홀드로우
7. 릴리이스
8. 폴로우스루

오픈 스탠스

으로 향하게 되며, 이 스탠스를 하면 발은 정상 상태 보다 크게 벌어진 느낌이 들며, 또, 과녁에 똑바로 향해있는 느낌을 받는다.

　이 스탠스는, 약간 뚱뚱한 사람들 중 현이 누르는 손에 닿는 사람이, 그렇게 되지 않도록 왼쪽 어깨를 보다 바깥쪽으로 가져가는 것이 용이하다.

　일시, 대 유행이었으나, 지금 세계 선수권 상위 입상자가 거의 스트레이트 스탠스이기 때문에 미적 감각 및 바른 건강 발육의 견지에서 보면, 자연스러운 스트레이트 스탠스를 마스터하는 것이 좋을 것 같다.

　단 뚱뚱한 사람으로, 가슴이나 팔에 현이 닿는 사람은 오픈 스탠스로 하여 누르는 손의 어깨가 나오지 않도록 하면 좋다.

③ 크로스 스탠스

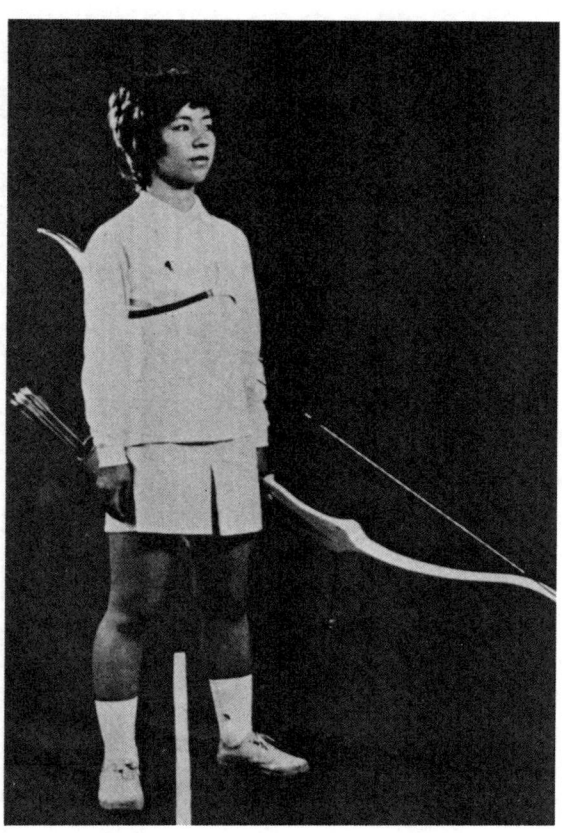

여자 오픈 스탠스

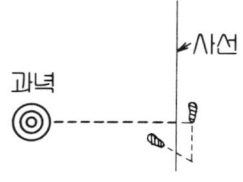

오픈 스탠스

오픈 스탠스의 사형으로 유명한 오스트레일리아의 한스·라이트 선수

이것은 오픈 스탠스의 반대로 과녁과 양발이 일직선이 아닌, 과녁에 가까운 오른발을 약간 앞으로 내는 스탠스로, 그런 경우, 누르는 손의 어깨가 앞으로 나오기 쉽고, 적중에 영향이 있기 때문에 발에 이상이 있는 사람, 골격상 다른 사람을 제외하고, 크로스 스탠스를 하지 않도록 주의해야 한다.

그러나 많은 사람 중에는 골격상 크로스 스탠스가 맞는 사람도 있다.

● 셋트 (동체 자세)

스탠스가 끝났으면, 그것을 기초로 하여 양다리 위에 상체를 바르게 두고 허리를 펴고, 오른쪽 왼쪽 어깨를 내리고, 등에서 머리 끝까지 똑바로 펴고, 신체의 중심을 허리 중앙에 두고 심기를 정비한다. 또, 어깨와 허리와 발이 3중으로 똑바로 겹쳐지도록 한다.

활은 가볍게 잡고, 양손은 내리고, 전신 균형을 잡고, 허리를 잘 안정시키고, 빈틈없는 몸의 자세를 만든다.

〈주의〉

● 허리를 안정시킨다. 불안정한 경우는 한번 발끝을 펴 올리고, 조용히 뒤꿈치를 내려 밸런스를 잡도록 해본다.

● 호흡을 가다듬는다. 숨이 거칠지 않도록 해둔다.

- 처음 정한 동치 준비 자세를 흐뜨러뜨리지 않도록.
- 단전(배꼽 아래 부근)에 힘을 넣고, 중심을 내린다.
- 무릎을 고정한다 (무릎을 가볍게 안쪽으로 모은다).
- 체중을 양발에 똑같이 둔다.
- **녹킹(화살 맞추기)**

녹킹은 화살 맞추기, 들기, 보우그립, 얼굴 향하기 동작을 포함한 일련의 동작이다.

① 화살 맞추기

바른 몸 자세가 준비되었으면 그것을 깨지말고 현에 화살을 맞춘다. 우선 케이버에서 화살을 꺼내고, 콕페더를 현에 대하여 직각으로 위로 향하고, 화살을 애로레스트 위에 둔다.

그리고 엄지와 인지 2개로 녹을 녹킹 포인트에 단단히 끼운다.

〈주의〉
- 잘못 화살의 콕페더를 현에 대하여 아래로 향하여 맞추지 않도록 확인한다.

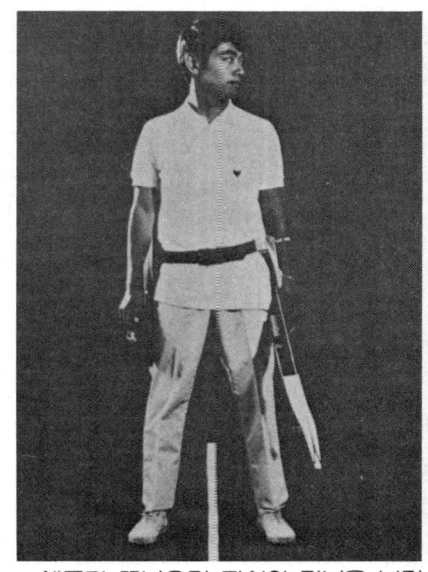
셋트가 끝났으면 자신의 과녁을 보며 마음을 모은다.

들기

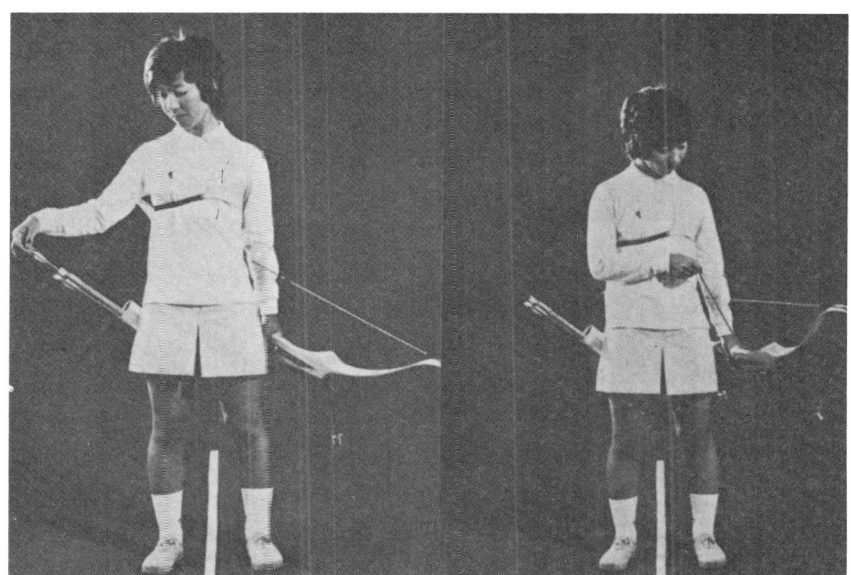

화살 맞추기

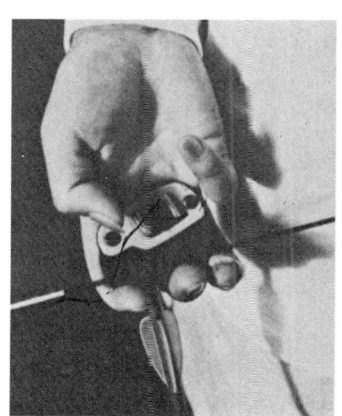

손가락에 걸리는 법

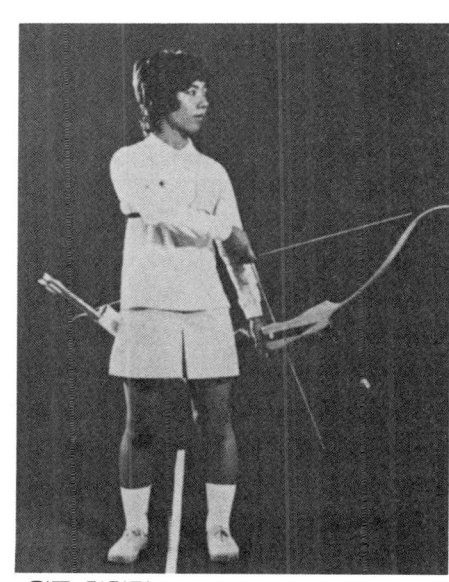

얼굴 향하기

●녹킹 포인트 이외의 곳이나 녹킹 포인트가 없는 현에 화살을 맞추지 말 것.

② 들기

다음에 활을 아래로 향하여 인지와 중지 사이에 녹을 키우도록 하고, 인지, 중지, 약지 3개의 제 1 관절에 현을 건다. 엄지는 손바닥 가운데 쪽에 꺾어 넣어둔다.

③ 보우그립

들기가 끝났으면 보우그립(활을 든 왼손의 쥐기)을 가볍게 쥔다. 이 쥐는 방법은 결코 강하게 활을 쥐지 말고 가볍게 활을 끼워 누르는 듯한 느낌이 좋다. 손가락은 릴렉스시키고, 엄지는 똑바로 과녁 쪽에 편다.

④ 얼굴 향하기

이상 준비가 되었으면 손목이나 팔꿈치를 릴렉스시켜 화살을 들고, 얼굴을 바르게 과녁을 향하여 과녁 중심을 똑바로 본다. 그리고 기력을 충실시켜 한다.

● 셋트업(보우업)

셋트업은 녹킹이 끝나고 활과 화살을 든 양손을 올려, 드로잉(나누어 당기기)하려고 할 때까지의 동작이다.

활은 수직, 화살은 거의 수평으로, 양어깨는 아래로 내린 채 양팔을 위로 올리고, 화살을 조금 당긴 상태에서 일단 멈춘다. 그리고 양 팔꿈치를 뻗고, 그립을 정하여 양 어깨를 내리고 호흡을 가다듬는다.

보우암(누르는 손)의 팔꿈치는 바깥쪽으로 돌리듯이 하여 가볍게 조이는 것이 좋은 결과를 가져온다.

일반적으로 팔꿈치를 돌린다 라고 하는데, 사람에 따라서는 특히 팔꿈치를 강하게 돌리는 것에 의해 누르는 손은 현에서 치지 않고, 또 어깨를 낮게 유지할 수 있게 되어 좋은 쏘기가 가능해지는 경우가 있다.

또 이 팔꿈치를 돌린다는 것을 골격상 잘 할 수 없는 사람도 있는데, 누르는 손이 안정되고, 현이 팔을 치지 않는 경우는 무리하게 돌리지 않아도 된다.

오른쪽 팔꿈치는 가능한한 높게 하고, 어깨는 올라가지 않도록 준비한다.

상반신은 사(射)의 거리에 따라서 조금 뒤로 향하여 둔다. 즉 90m를 쏘는 경우는 조금 뒷쪽 자세를 취하고, 허리에서부터 구부려 화살과 상반신

윌리암스 선수의 셋트업(누르는 손을 약간 돌리고 있다

은 언제나 십자를 이루도록 한다.

사이트는 이때 이미 골드 가깝게 맞추어져 있어도 좋다.

〈보우그립의 종류〉

셋트업했을 때 보우그립은 완전하게 고정되어 있지 않으면 안된다. 그 립에는 ① 위 누르기 ② 가운데 누르기 ③ 아래 누르기의 3가지 형이 있다.

① 위 누르기

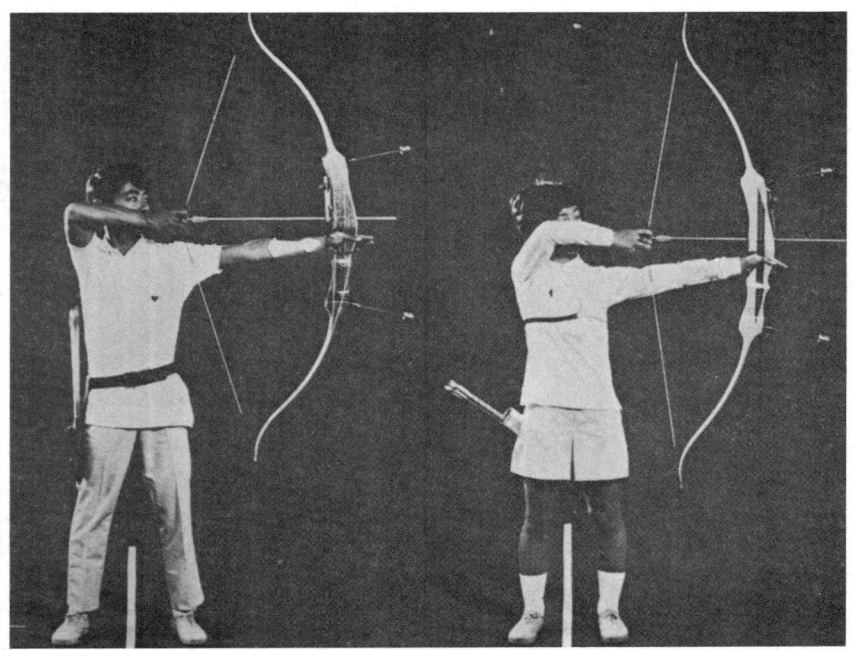
셋트업

 이 형은 손바닥이 활에 스치는 부분이 가장 적고, 엄지와 인지 사이 부분으로 활을 누르고, 손바닥 부분은 거의 활에 닿지 않는다.
 이 그립은 여자 고득점자에게 많다. 위 누르기 느낌의 사람은 활도 하이 그립으로 하면 좋다.
 ② 가운데 누르기
 이것은 엄지의 근원의 살이 많은 부분이 활에 닿고 손바닥의 아래 반 정도는 활에 닿지 않는다. 마치 어린아이가 무심코 막대기를 집을 때의 느낌으로 새끼 손가락, 약지, 중지, 인지 모두 활에서 조금 떨어뜨리는 정도로 단단히 활을 강하게 쥐어 버리면 좋지 않다. 현재 다수의 우수 선수는 이 그립이다.
 ③ 아래 누르기
 이것은 손바닥 전부를 활의 그립에 대어 누르는 형이다. 활에 닿는 부분이 가장 많은 그립이다. 누르는 손은 안정되지만, 화살 길이가 약간 짧

■ 누르는 손의 팔꿈치 돌리는 방법

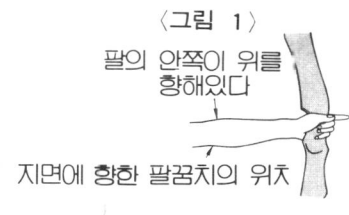

〈그림 1〉
팔의 안쪽이 위를 향해있다
지면에 향한 팔꿈치의 위치

〈그림 2〉
팔을 시계 바늘 방향으로 약 1/4 회전
팔의 안쪽이 지면과 직각이 되도록

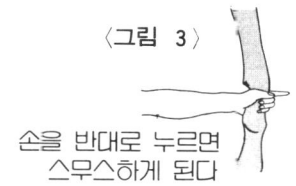

〈그림 3〉
손을 반대로 누르면 스무스하게 된다

아진다. 세계 선수권 1969년, 1971년 2위를 한 아메리카의 여자 선수 윌버 부인의 그립은 대표적인 아래 누르기이다.

  이상 세가지 형중 어느 것이 가장 좋다라고 말할 수는 없다. 여자에서도 1위는 위 누르기, 2위는 아래 누르기 선수라고 말한 것과 같이. 그 선수의 골격, 팔의 모양에 따라 각각 달라지기 때문에, 자신에게 가장 맞는 그립을 연구해야 한다.

  공통적으로 말할 수 있는 것은 활을 강하게 쥐면 안된다는 것이다. 강하게 쥐면 화살의 날음감이 나빠질 뿐 아니라 쏘는 순간 몸의 움직임이 화살에 전달되어, 화살이 거칠어진다.

  그러므로 활은 누르는 것만큼 쥐지말고, 쏠 때 활이 반동으로 손에서 앞으로 튀어나가지 않을 정도의 그립이 이상적이다.

  그 때문에 손에 끈을 붙여, 활이 손에서 떨어져 앞으로 가지 않도록 하는 것이다. 현대의 폼에서는 끈(보우스링 또는 핑거 스링)은 뺄 수 없는

리드스톤 선수의 셋트업

것이 되어졌다.
〈주의〉
- 얼굴을 단단히 과녁 방향으로 향해둘 것.
- 호흡을 정비하고, 기력을 충실히 해둘 것.
- 보우암은 마음껏 과녁 방향으로 뻗어둘 것.
- 미는 손의 팔꿈치는 현의 바깥쪽에 가볍게 조여둘 것.
- 오른손은 높게 들고 양 어깨를 내려 둘 것.

(양 어깨를 내리기 위해서는 숨을 내쉬는 것에 의해 자연스럽게 내린다)
- 드로잉 (나누어 벌리기)

드로잉은 셋트업된 활을 좌우 균형있게 나누어 당기는 동작이다. 나누어 벌리기는 밸런스가 중요하며, 팔꿈치와 팔꿈치로 좌우로 밀어 벌리는 느낌으로 나누어 당긴다. 힘의 배분은 5 대 5가 이상적인데, 밀어내는 손이 약한 사람은 밀어내는 손에 많은 힘을 주어야 할 것이다.

① 보우암과 나누어 당기기

나누어 당길 때 가장 중요한 것은 보우암을 움직이지 않으면서 나누어 당기는 것이다.

양궁선수의 대부분은 나누어 당길 때 사형(射型)을 깨뜨려버린다. 즉 어깨에 힘이 들어가기 때문에 밀어내는 손의 어깨가 앞으로 나가 버리든가, 또는 힘에 이기지 못하고 어깨가 위로 올라가 버리는 사람이 많다. 그리고 어깨가 높아지면 높아질수록 등 근육이 콘트롤하기 나빠진다. 따라서 어깨를 내리고 등의 등뼈를 양쪽 맞추듯이 하여 나누어 당기면 좋다.

② **팔꿈치 돌리기에 대하여**

초보자의 능숙을 방해하는 가장 큰 장해 요인은 활의 현이 밀어내는 손의 팔꿈치에 닿는 것이다. 강하게 닿으면 그 부위가 자색빛을 띠며 부어오르고, 그 공포로 활이 싫어지게 되는 경우도 많다. 그래서 밀어내는 손에

1971년 여자 세계 챔피언, 캅첸코(소련)는 위 누르기 그립

현이 닿지 않도록 지도하지 않으면 안되며, 사실, 초보자의 30% 이상은 현이 밀어내는 손을 치는 타입이며, 또 그 외의 사람도 연습을 계속하는 중에 치게 되는 경우가 있다.

 현이 밀어내는 손을 치지 않도록 하기 위해서는, 우선 밀어내는 손의 팔꿈치를 약 1/4 돌려야 한다. 그러나 이 밀어내는 손의 팔꿈치를 돌리는 것은, 초보자에게 있어서는 상당히 어려운 일이다. 그래서, 좋은 방법은, 양궁에 화살을 꽂지 않은 채 밀어내는 손을 과녁에 향하고, 지도자는 자신의 손으로 초보자의 밀어내는 손을 밀어 활 앞으로 선다. 그리고 초보자에게 밀어내는 손을 밀면서 팔꿈치를 밖으로(시계 바늘 방향) 약 1/4 정도 돌리도록 시킨다. 그리고 그대로 밀어내는 손으로 드로잉하면, 초보자의 팔의 안쪽이 현이 통과하는 길을 따라 팔이 자연스럽게 구부러지며, 당연히 현이 통과하는 공간을 주게 된다.

 이 방법을 실시할 때, 사진과 같이 화살은 맞추지 말고, 활을 당긴 상태에서 실시하면 편하게 할 수 있다.

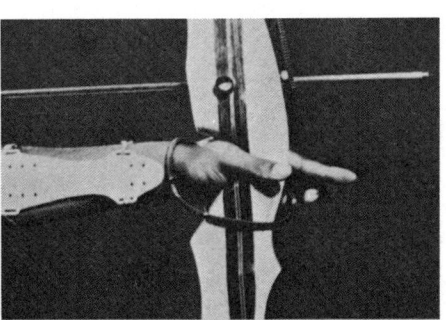
가운데 누르기

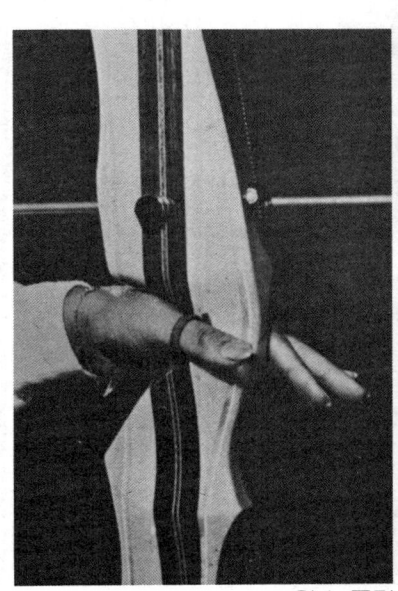
위 누르기

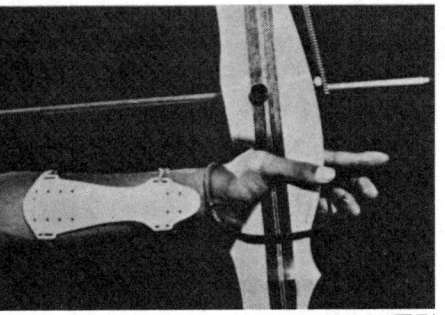
아래 누르기

뮌헨 올림픽 대회 우승자인 윌버부인(아메리카)은 완전한 아래 누르기 그립

활을 사용하지 않는 경우는 기둥에 밀어내는 손을 대고, 조금 밀면서 밀어내는 손을 돌리도록 연습하면 좋다.

단 양궁선수 중에 30% 정도의 사람은, 골격상 밀어내는 손을 돌리지 않아도 현이 닿지 않고, 돌리지 않는 편이 좋은 경우도 있으므로, 전원에게 팔꿈치를 돌리도록 할 필요는 없다.

절대로 팔꿈치 돌리기를 하지 않으면 안되는 타입의 사람은, 밀어내는 손이 안쪽 또는 윗쪽에 팔꿈치 부분이 구부러져 있는 사람(이것을 원숭이 팔이라고 하고 있다)이다.

또 톱 양궁선수 중에도, 밀어내는 손의 팔꿈치를 가볍게 돌려 고정하는 것에 의해 급격하게 적중률이 좋아졌다는 예가 많다. 단 너무 강하게 돌리면, 홀드로우에 들어갔을 때 또 팔꿈치가 되돌아가 불안정해지므로, 가볍게 돌려 고정하는 연습이 필요하다.

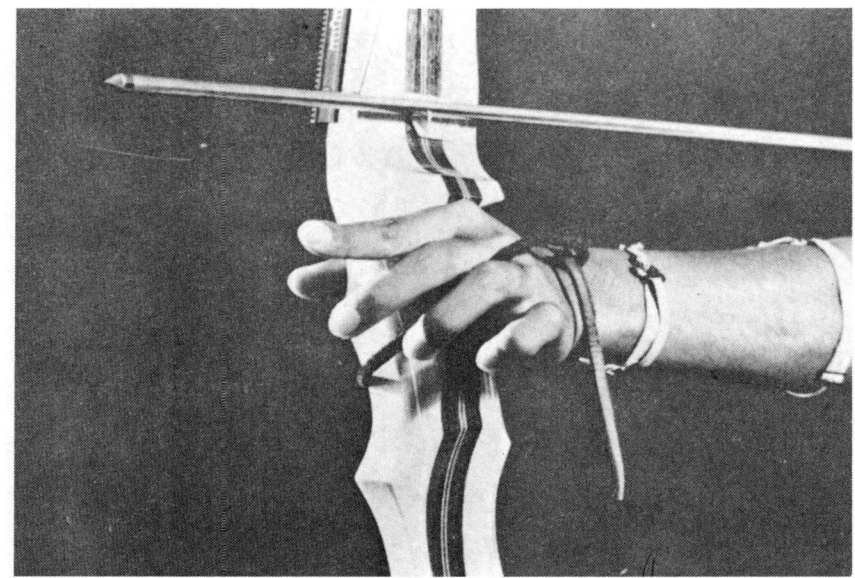

그립은 릴렉스하게, 활은 꽉 쥐는 것이 아니다.

③ 당기는 손의 손가락 사용 방법

당기는 손은 팔꿈치로 뒷쪽으로 당기듯이 하여, 여분의 힘을 손가락에 두지 않도록 한다. 당기는 손의 손가락에 힘이 너무 들어가면 화살이 활에서 빠져 떨어진다.

초보자가 자주 화살을 활에서 떨어뜨리는 것은 이 때문이다.

당기는 손의 손가락 사용 방법은 여러가지가 있으며, 인지의 힘을 완전히 빼고, 중지와 약지로 당기는 방법, 중지에 가장 힘을 많이 넣고 다음에 약지, 인지 순으로 힘을 두는 방법, 인지와 약지에 힘을 걸어 중지의 힘을 그다지 사용하지 않는 방법, 약지에 제일 힘을 많이 두고, 다음에 중지, 인지 순으로 힘을 두는 방법 등, 각각 사람에 따라 달라지며, 이것이 가장 좋은 방법이다 라는 패턴이 없다. 이와 같이 당기는 손의 손가락 사용은 각자의 손가락의 길이, 골격, 사형 등에 따라 각각 달라지기 때문이며, 자신에게 가장 맞는 손가락 사용법을 찾아내야 할 것이다.

일반적으로 오른쪽 팔꿈치를 높이 올리는 사형의 선수는 약지에 가장 힘이 들어간다. 아메리카의 세계 선수권 출장 선수인, 스론톤 선수는 중지에 못이 박혀 있고, 윌리암스 선수는 약지에 가장 힘을 넣으며, 와이드 선수는 반대로 중지에 그다지 힘을 넣지 않고 쏘는 사법이며, 윌버 선수도 중지에 그다지 힘을 넣지않고 약지를 같이 사용하는 방법을 쓰고 있다.

가장 일반적인 당기는 손의 손가락 사용법은 중지에 가장 힘을 가하는형 이다.

〈깊게 걸기 (딮훅)고 얕게 걸기〉

일반적으로 현에 손가락 제 1관절을 거는 것이 보통으로 되어 있는데, 최근 톱 양궁선수 중에는 제 1 관절 보다 조금 안쪽에 깊게 현을 걸어, 좋은 결과를 얻고 있는 선수가 많다. 아메리카의 스론톤 선수도 그중 한사람이며, 그는 그렇게 하는 것에 의해 급격히 좋은 기록을 낼 수 있었다고 말하고 있다.

깊게 거는 것에 의해, 손가락에 무리한 힘을 주지 않게 되고 좋은 릴리

팔은 가볍게 쥐고 새끼 손가락, 약지는 활에서 떨어질 정도가 좋다.

드로잉은 릴텍스시켜서

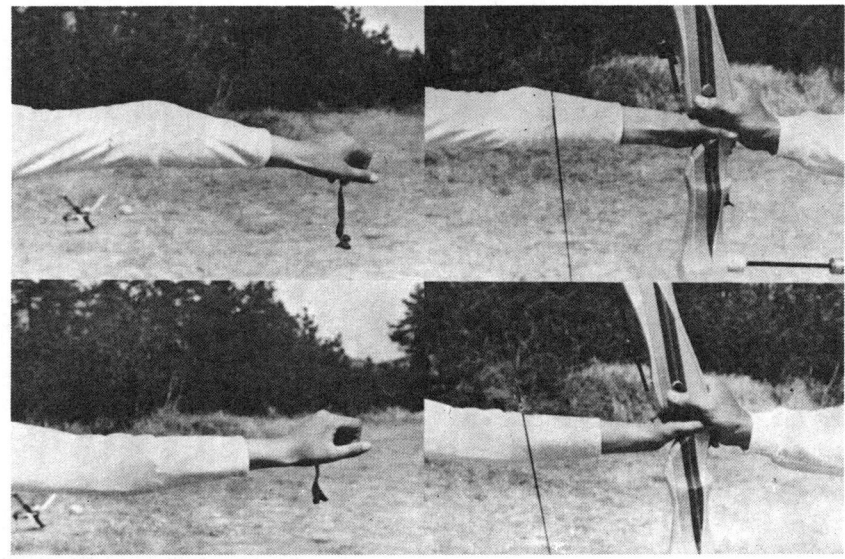

팔을 자연스럽게 　　　　팔꿈치를 돌리는 데는 활을 정면에서 밀어간다

보우암의 팔꿈치를 돌린 상태 　　　　팔꿈치가 돌려진 상태

이스가 가능해지는 것이다. 또 초급인 사람이나, 강한 활인 경우 깊이 거는 것은 대단한 효과를 가져오는 것을 알 수 있다.

　또 몬트리올 올림픽 제 3위에 든 훼라리 선수 등은 제 1 관절 보다 손가락 쪽에 현을 걸어 소위 얕게 거는 방식에 의해 보다 스무스한 릴리이스를 하고 있다. 이것은 초보자는 손가락에 너무 힘이 들어가 역효과를 가져오기 때문에 얕게 걸기는 하지 않는 편이 좋다. 그러나 상급자는 손가락에 힘이 들지 않고 얕게 걸기로 효과를 보는 경우가 있다. 얕게 걸기를 하는 것에 의해 득점을 올리고 있는 사수도 상당수 있다. 어느 방법 보다 손가락은 릴렉스 시켜 두어야 한다.

　〈주의〉
- 그립을 강하게 잡지말 것.
- 어깨를 일정하게 하고 움직이지 말 것.
- 당기는 손의 손가락에 힘을 너무 넣지 말 것.
- 팔꿈치와 팔꿈치로 밀어 벌리듯이 나누어 당긴다.

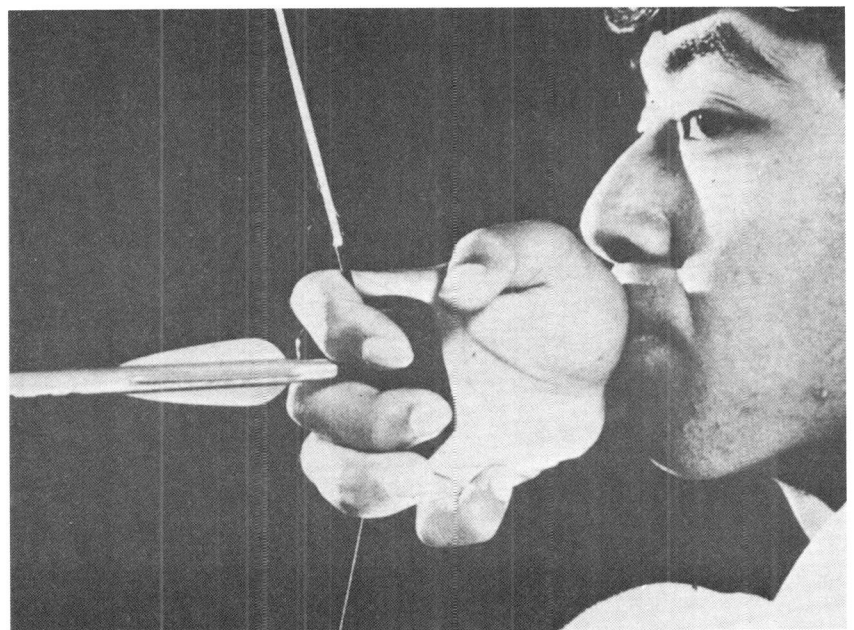

턱혹으로 당기는 양궁선수

- 어깨의 뼈를 등어서 맞추듯이 당긴다.
- 강한 궁의 사람이나 초기인 사람은 깊게 걸도록 한다.
- 화살을 따라 최단 거리를 당겨볼 것.
- 호흡은 가볍게 뽑아 들이면서 당기는 것이 좋다.
- 나누어 당기는 빠르기는, 너무 빠르지도 않고 너무 느리지도 않게, 호흡에 맞추어 부드럽게.
- 얼굴을 움직이지 말고 자신의 신체에 활을 당겨 붙이듯이.
- **홀드로우 (会)**

홀드로우는 드로잉하여 당긴 손을 턱 또는, 뺨에 대고 겨냥을 정하고, 그리고 당기고 있는 상태를 말한다.

사수의 심리적인 면에서 말하자면, 므한으로 뻗는 경지이며, 정신·신체·활·화살이 혼연 일체가 되어 있는 상태이다.

이 단계를 설명하는 데는, 앙카링, 에이밍, 호울딩, 콘센트레이션의 4

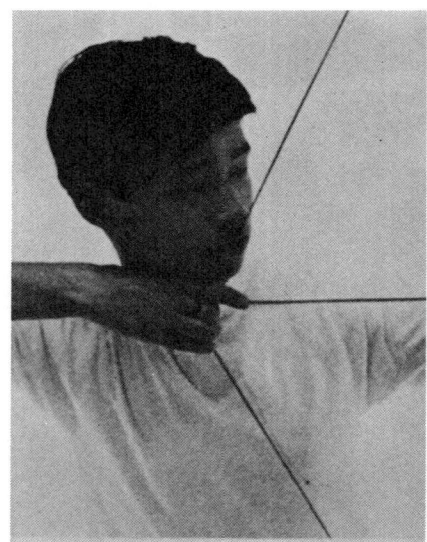
이 선수의 당기는 손은 인지에 힘을 빼고 있다

홀드로우

가지로 나누어 그것을 총괄하여 홀드로우로써 설명하겠다. 단 이 4가지는 이해하기 쉽게 나눈 것이며, 형에 있어서는 거의 변화 없는 일련의 것이며, 4~6초 정도의 짧은 시간에 이루어지는, 거의 동시에 실시하는 것이다. 또 내면적으로 가장 충실하고, 양궁의 극치이기도 하다.

① 앙카링 (고정)

앙카링이란, 활을 당겨 오른손을 턱 또는 뺨에 대고, 일정의 바른 점에 앙카(고정)하는 것이다.

〈하이 앙카 사법(射法)〉

당기는 손의 포인트를 입술 옆으로 고정하여 쏘는 방법으로, 이 위치를 하이앙카 포인트라고 한다.

하이 앵카 사법
(오소독스)

활을 당겼을 때, 인지 또는 중지를 입 근처에 고정시키고, 활을 조금 숙여, 화살이 딱 오른쪽 눈 아래에 오도록 한다. 이 사법은 헌팅이나 필드 양궁의 베어보우슈팅에 자주 사용되며, 겨냥은 조준기(사이트)를 사용하지 않아도 화살 끝으로 겨냥할 수 있다. 조준기를 사용하는 타켓트 양궁에서는, 이 방법은 거의 사용되지 않는다.

〈로우 앵카 사법〉

로우 앵카는, 당기는 손의 인지의 포인트를 턱 아래, 또는 그 부근에 고정시켜 쏘는 사법으로, 현은 턱, 입술, 코 3점에 닿는 것이 보통이다.

〈주의〉
● 매회 같은 곳에서 앵카한다.
● 앵카에 들어갈 때, 손목으로 당기지 말고 등 근육과 어깨 근육으로

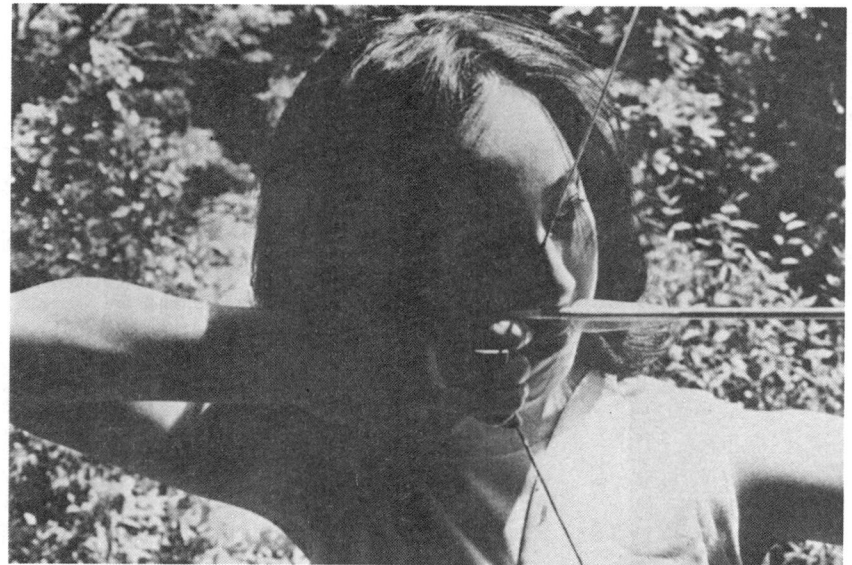

하이 앙카 사법(아팟치 사법)의 앙카링

앙카하도록 한다.
- 턱에 앙카하는 경우, 턱을 들거나, 현에 얼굴을 가져가거나 해서는 안된다. 얼굴은 움직이지 말고 몸에 현을 당겨붙여 앙카한다.
- 앙카가 끝났을 때의 사형은, 당기는 손의 팔꿈치가 화살과 평행 보다 조금 위에 있을 정도가 좋다.

그를 위해 앙카에 들어갈 때 당기는 손의 팔꿈치를 조금 위로 당기는 듯한 기분으로 앙카한다.
- 하이 앙카에서는 조금 활을 숙이듯이 하고 오른쪽 눈 바로 아래에 화살이 오도록 한다.
- 로우 앙카에서는 활은 숙이지 말고 똑바로 되게 한다.
- 앞이나 뒤로 기울어지지 않도록 한다.

② 에이밍 (겨냥)

앙카에 들어가는 것과 동시에 에이밍(겨냥)을 한다.

〈포인트·어브·에임(조준점법)〉

이것은 활에 사이트(조준기)나 눈금을 긋지 않고, 눈과 화살 끝의 시선이

로우앙카 사
법의 앙카링

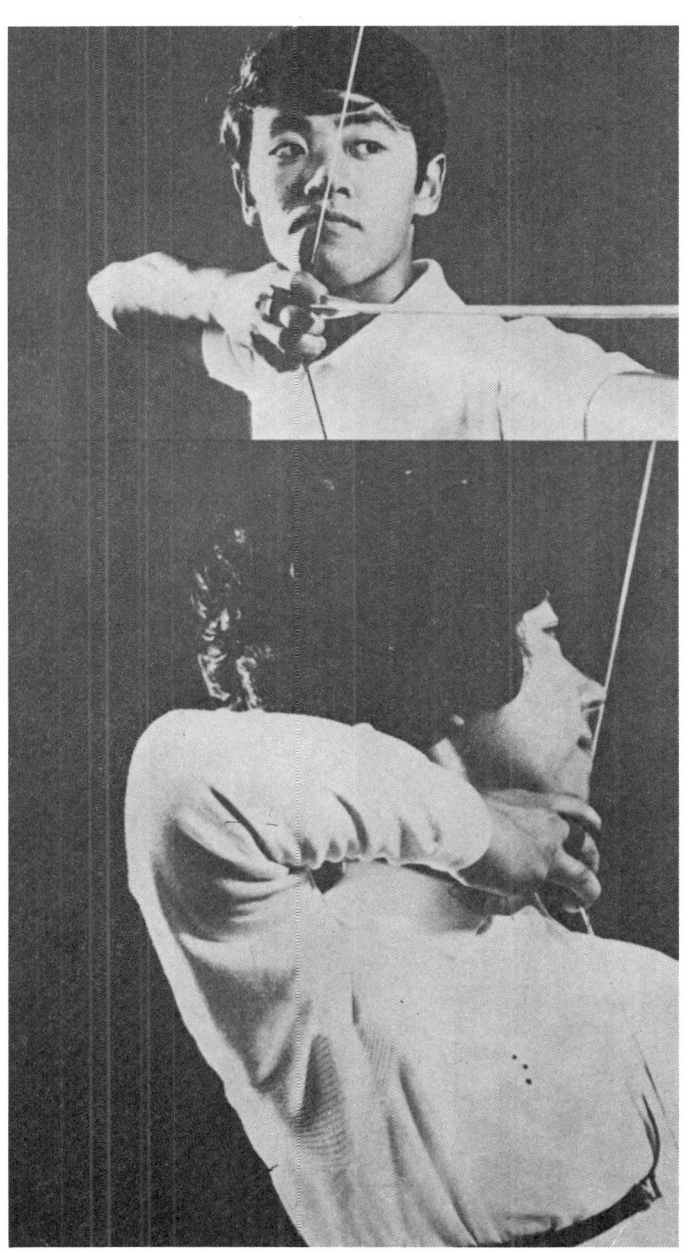

직선에 지상 또는 과녁의 한점에 맞도록 점을 겨냥하는 방법으로, 하이 앙 카사법에서 사용되는 경우가 있다.

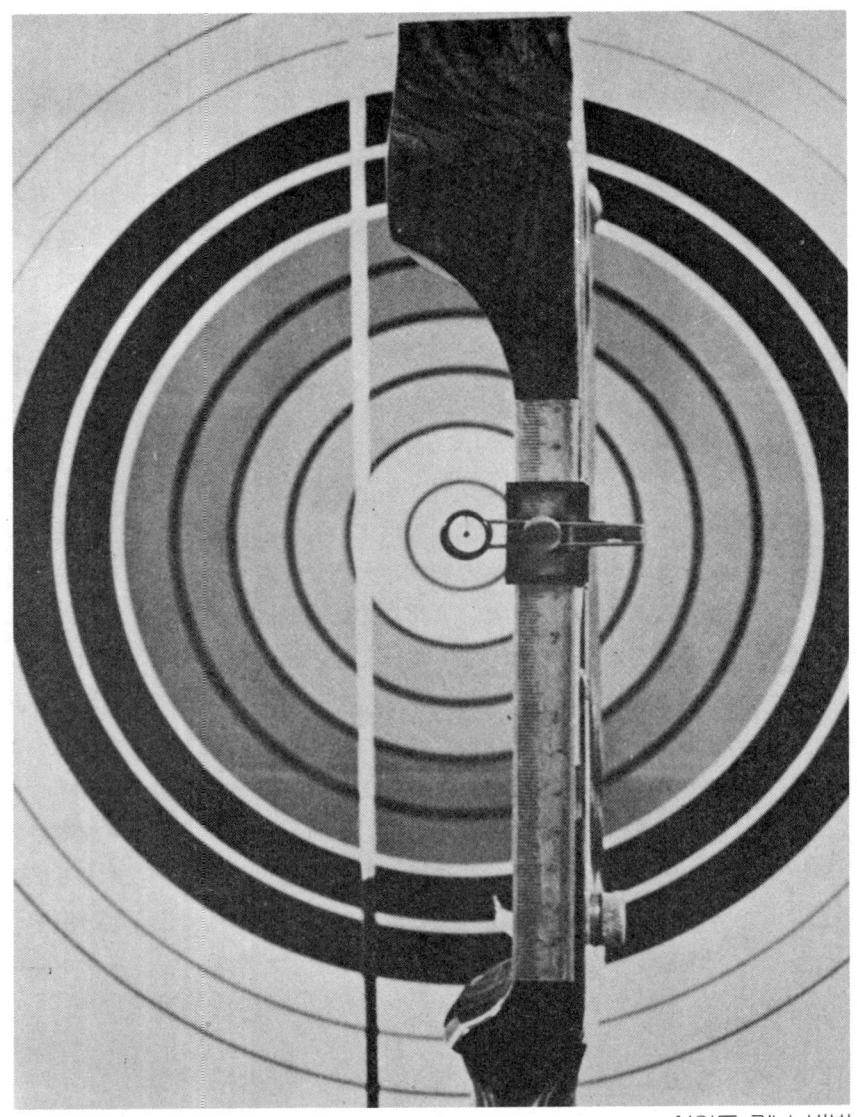

사이트 겨냥 방법

〈사이트·슈팅〉

이것은 타켓트 양궁 및 필드 프리 스타일에서는 거의 현재 사이트 슈팅, 즉 사이트(조준기)를 활에 달고, 그것으로 과녁을 겨냥하는 방법이다.

눈은 양눈을 뜨고, 보통 오른쪽 눈으로 겨냥하고, 왼쪽 눈을 나란히 한다. 보우암이 오른손인 사람은 이와 반대가 된다.

사이트의 조정은 겨냥 중심에서 벗어난 윗쪽에 사이트핀을 움직인다. 즉 화살이 과녁의 오른쪽에 오도록, 사이트핀을 오른쪽으로 움직여 조절한다.

〈베어보우슈팅〉

이 경우는, 소위 노사이트로 과녁의 일점을 '느낌' 만으로 쏘는 사법으로, 필드의 베어보우슈팅 및 한팅에 사용된다. 이 사법은 본능적으로 쏘기 때문에 긴 시간 연습하지 않으면 적중하지 않는다. 그러나 가장 원시적인 것에 가까우므로 그 나름대로의 맛이 있다.

〈주의〉

● 사이트는 마음껏 변화시킬 것.

바람이나 비가 오는 경우 또는 연습시와 시합시, 언제나 사이트가 달라

과녁 겨냥하는 방법

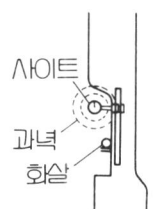

사이트
과녁
화살

당기는 손의 팔꿈치가 약간 내려가 있다. 오른쪽팔꿈치는 연장선 보다 약간 위에 있도록.

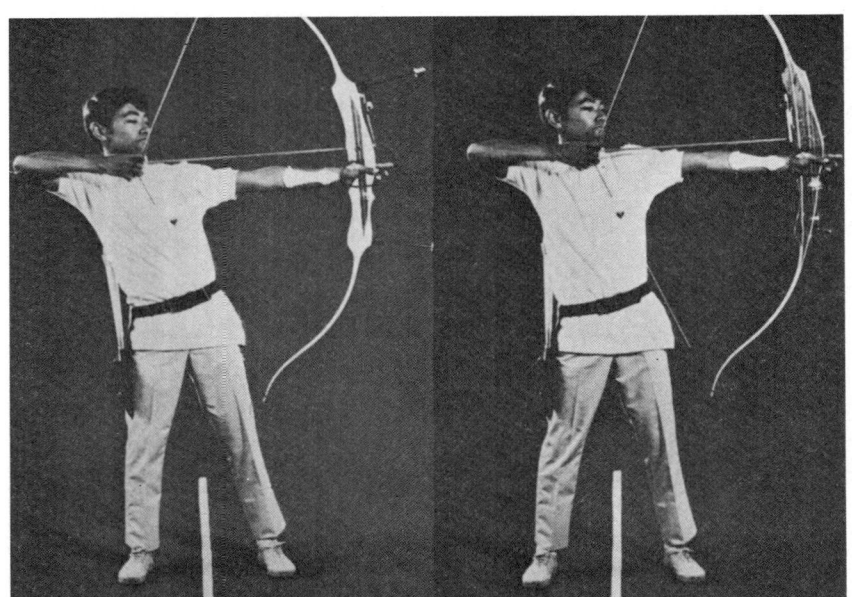

뒤로 너무 치우쳐 있다.　　　　어깨가 올라가 있다.

지는 경우가 있다. 이 때는 마음껏 사이트를 움직여 빨리 중심에 적중시키도록 마음 먹는다.
- 현의 일부를 활의 왼쪽 단 또는, 활의 일정의 부분에 맞추고, 눈, 현 사이트의 관계가 항상 일정하게 되도록 한다.
- 사이트는 황색 중심을 겨냥한다.
- 소의 눈과 같이 큰 눈을 하지 말고, 자비스러운 눈으로 겨냥한다. 즉 반쯤 뜬 눈으로 겨냥한다.

③ **호울딩**

앙카링을 하고, 에이밍이 끝나고, 그대로 화살을 놓으면 좋은 화살은 나오지 않는다. 그로부터의 잠시의 시간이 중요하며, 좌우, 상하, 신체를 천지로 계속 뻗어 내는 것이 중요하다.

보우암은 과녁의 중심에 밀어 넣는 듯한 기분으로 뻗고, 당기는 손의 팔꿈치는 조이는 듯한 기분으로 뻗는다. 그것과 함께 정신을 통일해 가며, 적어도 4∼7초 정도의 시간이 필요하다. 2∼3초 이하에서 쏴버리면 너

앞으로 너무 치우쳐 있다.

무 조급하여 활이 좋지 않게 된다. 또 10초 이상 너무 기다려도 시기를 놓치는 결과가 된다.

④ 콘센트레이션 (집중)

홀드로우에 있어서 다 뻗고 이제 화살을 쏘려는 때, 정신을 집중하는 것이 중요하다. 그를 위해, 우선 무리한 힘이 들어가지 않도록 릴렉스하고, 그리고 모든 잡념을 버리고, 과녁과 자신이 일체가 된 듯한 정신 통일을 하는 것이다.

이 화살은, 어떻게 해서든지 10점을 내겠다는 불안이나 승부욕에 집착되면 미스되어 버린다. 이와 같은 심경이 되는데는 오랜 수련이 필요한데, 항상 콘센트레이션을 명심하여 한발 한발 중요하게 당기는 것이 필요하다.

세계 기록을 낸 선수에 의하면, 그 때는 완전한 자기 최면에 들어가 있었다고 말하고 있다. 초보자는, 불안·공포·조급함·의심·당혹 등의 잡념이 생기는 경향이 있는데, 그것을 연습에 의해 극복하고, 정신 통일이 가능할 때 활이 맞게 되며, 그 사람의 인간 형성에도 다소 진보가 있게 될 것이다.
 활의 기술 외에, 이와 같이 정신적인 면이 많은 영향을 주는 스포츠이다.
〈주의〉
 ● 앞으로 기울어지거나 뒤로 기울어지지 않을 것.
 ● 어디에라도 부자연스러운 힘이 들어가지 않도록, 근육 및 정신을 릴렉스시킨다.
 ● 홀드로우 때의 호흡은, 수중에서의 숨이라고 하여 거의 정지되어 있든가, 가볍게 쉬는 정도가 좋고, 완전하게 숨을 멈추어 버리면 고통스럽기 때문에 좋지 않다. 또 크게 호흡하면서 릴리이스 하는 것은 가장 나쁘다.

바른 사형(射型)

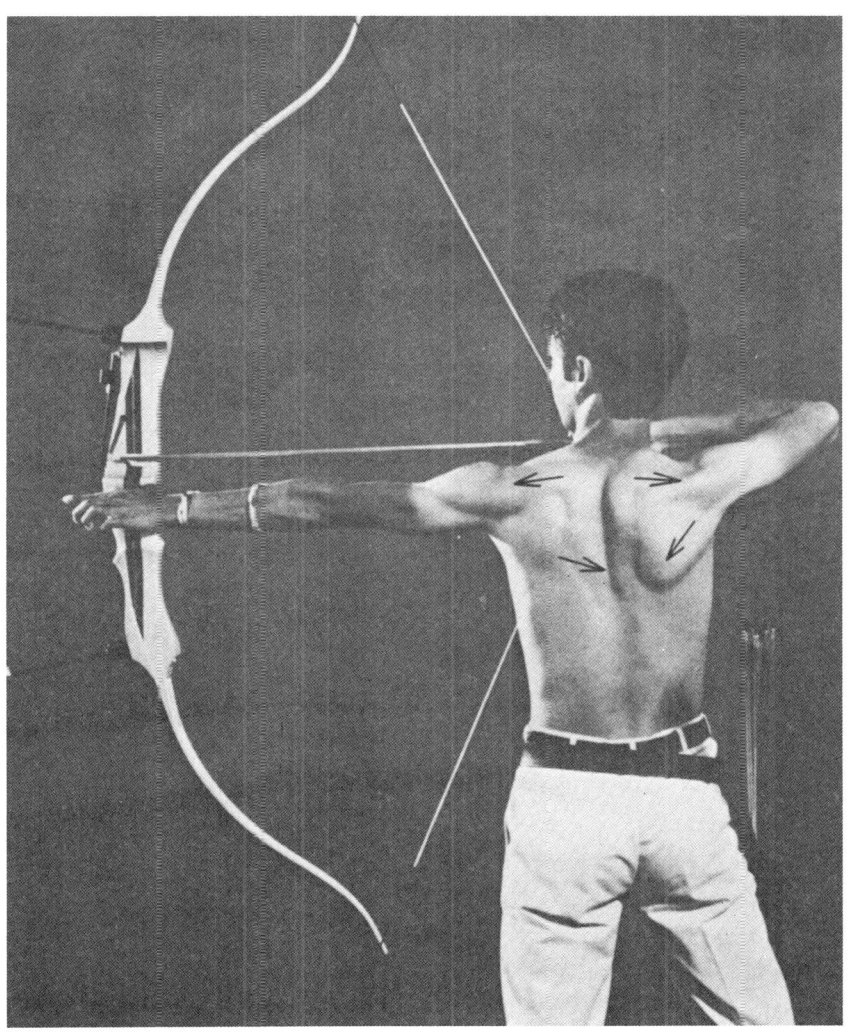

 어깨의 견갑골(肩甲骨)의 사용 방법을 전개(前開) 후개(後開)의 작용이라고 말하며, 드로잉 때는 가슴은 열리고, 등의 견갑골은 닫치듯이 되는데, 홀드로우의 때 뻗을 때는 견갑골의 상부가 화살의 선의 방향으로, 또 견갑골의 하부는 견골을 중심으로 만나도록 힘이 작용하는 것이 이상적이다.
 이와 같이 하부의 견갑골을 비틀어 마주하는 듯 근육을 사용하여 긴장시키는 것을 백텐션이라고 하고 이 작용이 활에서 가장 중요한 것이다.

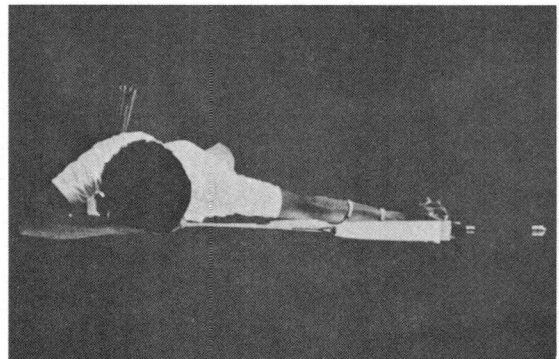

밀어내는 손의 어깨가 약간 앞쪽으로 나와있다. 이와 같은 경우 밀어내는 손을 치기 쉽다.

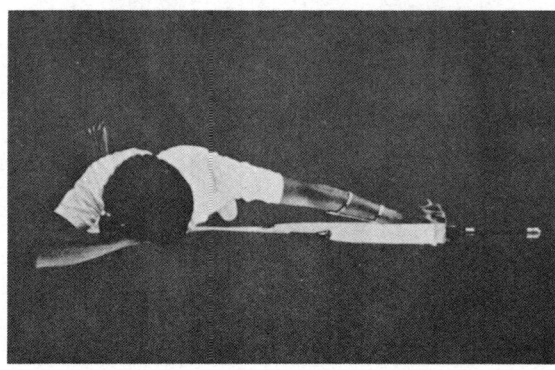

밀어내는 손의 어깨가 도망치듯 되어 있고, 당기는 손의 팔꿈치 붙이기가 좋지 않다. 이와 같은 사형에서는 당기는 손이 앞으로 나가기 쉽다.

● 등의 등뼈 윗쪽을 마주치게 하듯이 하고, 양 어깨를 내리는 듯한 기분으로 뻗어간다.

● 윗팔 삼두근를 사용하여, 아래에서 위로 올리는 듯한 힘을 이용하여 뻗으면, 릴리이스 할 때 보우암이 내려가지 않는다.

● 오른쪽 팔꿈치는 조이고, 위쪽에 붙이면서 밀어내는 손은 엄지를 과녁 방향으로 펴고 힘에 지지 않도록 뻗어간다.

● 적어도 4 ~ 6초는 기다릴 것. 조급하거나 너무 기다려서도 안된다.

● 에이밍에서는 눈은 크게 뜨지 말고, 마치 부드러운 부처님의 반쯤 뜬 눈처럼, 그렇지만 날카롭게 겨냥한다.

● 단전에 힘을 넣어 잡념을 버리고, 기력을 충실하게 한다.

● 릴리이스

릴리이스는 슈팅의 최후의 동작이며 이것은 좋고 나쁨으로 모든 것이 결

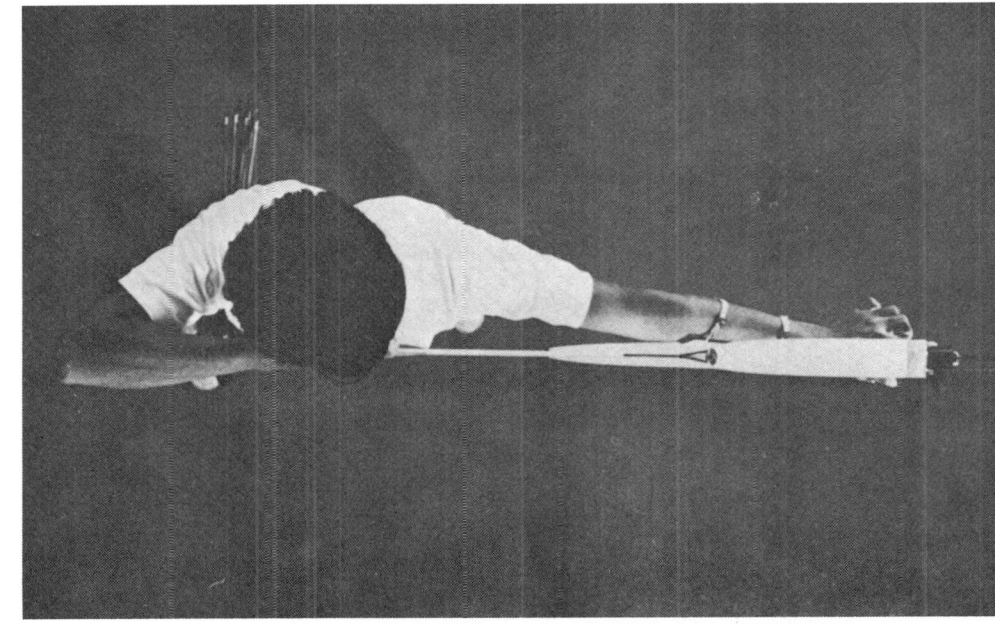

거의 바른 사형(射型). 화살과 당기는 손의 팔꿈치의 선이 통하고 있다.

정나 버린다. 성공의 기쁨에 차든지, 자기 혐오에 빠지는 것은 일순에 결정되어져 버린다.

　현재 다음과 같은 기본적인 릴리이스가 있다.
　① 포워드 릴리이스
　현에 건 손가락과 당기는 손은 릴리이스 때 힘을 빼고 현과 함께 앞쪽으로 나가 버리는 릴리이스. 이 릴리이스는 초보자에게서 볼 수 있는데, 그다지 좋지 않다.
　② 뎃드 릴리이스
　당기는 손은 턱 아래에서 움직이지 말고, 현에 걸린 손가락만이 앞으로 벌어진다. 초보자는 이 방법이 가장 하기 쉽다. 또 노인이나 약한 궁을 사용하는 사람이게 많은 릴리이스이다.
　③ 스라이딩 릴리이스
　힘을 강하기 하고, 긴장을 등과 어깨에 유지하고, 현에 건 손가락의 힘을 뺄 수 있을 때, 등의 긴장에 의해 쏘기가 자연스러운 반동으로써 당기는 손 전체가 뒷쪽으로 나는 릴리이스이다. 이것은 현재 톱 양궁선수 거의가 하고 있는 릴리이스이며, 특히 장거리에 있어서는 유리하다고 생각된다.

어느 릴리이스나 손가락에 힘을 너무 넣으면 좋지 않고, 팔꿈치와 팔꿈치로 활의 힘을 느낄 수 있는 기분으로 스무스하게 기합에 맞추어 쏘는 것이 좋다.

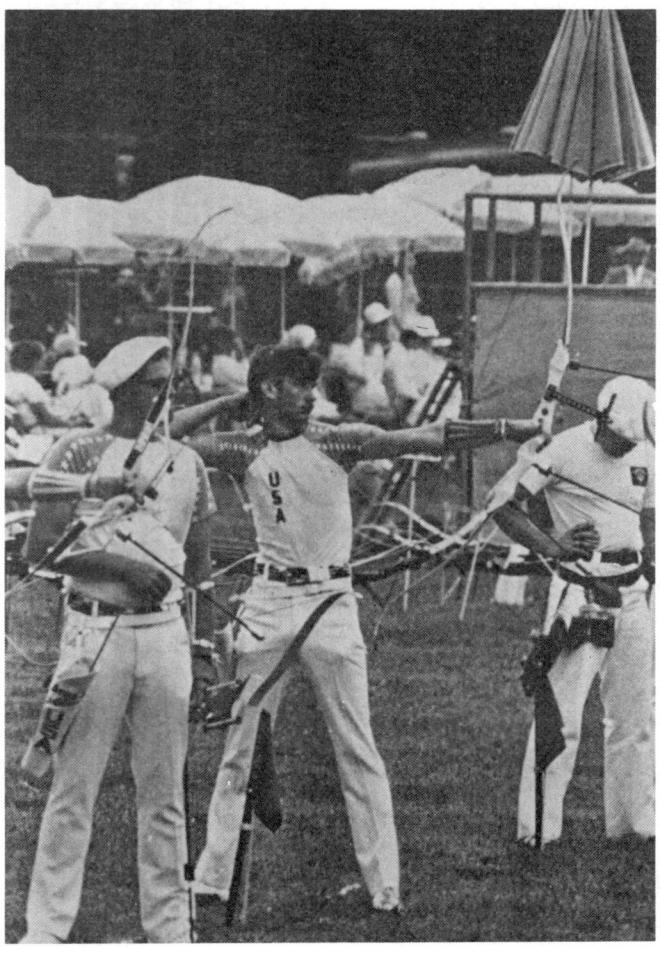

윌리암스 선수의 박력있는 릴리이스

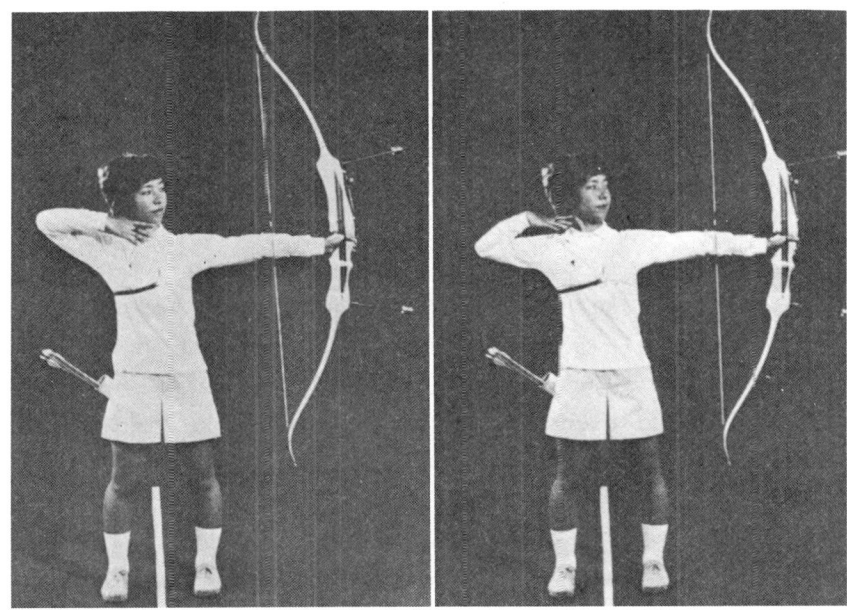

뎃드 릴리이스 　　　　　　　　　　스라이딩 릴리이스

④ 잘 놓기 위한 요령

만세폼으로 놓거나, 또는 손이 앞으로 나가듯 화살을 놓지 않기 위해서는, 우선 손가락에 힘을 넣지 말고 팔꿈치와 팔꿈치로 당기듯이 하고, 등의 근육을 정확하게 사용해야 한다.

즉, 현을 층분히 쥐고, 그리고 앞팔의 근육과 현에 걸린 손가락을 가능한 한 릴렉스시키고, 팔꿈치를 머리 뒤까지 돌려 넣도록 한다. 그리고 어깨에서 팔꿈치까지의 근육을 사용하고, 그 사용하고 있는 것을 의식할 수 있게 되면, 자연히 손가락 쪽의 힘은 릴렉스될 것이다.

드로잉하여 앙카에 들어갔으면, 다음은 팔꿈치를 뒤로 단단히 지탱하는 것에 집중한다. 이를 위해서는 근육을 자연스럽게 사용하고, 우선 팔꿈치가 릴리이스의 순간적인 방향으로 돌아가지 않으면 화살 끝은 결코 돌아오지 않는다

가장 많은 실패는, 화살을 놓을 때 팔꿈치의 근육을 느슨하게 해버리는 것이며, 그 때문에 놓기가 나빠지는 것이다. 그리고 이것을 없애기 위

해서는 어디까지나 팔꿈치의 뒤로 당기는 것이 중요하다. 어깨와 등의 근육을 일직선으로 유지하고, 팔꿈치와 팔꿈치 사이의 앞쪽 팔 근육은 가능한한 릴렉스시킨다. 그렇게 하면, 잘 당겨진 로우프 가운데에 힘이 가해지지 않는 것과 마찬가지로, 손목은 똑바로 직선이 되기 쉽다. 릴리이스는 전신에 넘치는 기합과 함께 손가락의 힘을 릴렉스시키고, 빼어, 팔꿈치의 장(張)이 뒤로 가게 되면, 현은 손가락을 튕기며, 날린 손은 화살 방향의 뒤에 날듯 스라이딩 릴리이스가 된다.

톱 양궁선수는 홀드로우하고 있을 때, 팔꿈치의 위치라고 하는 것에 상당한 관심을 둔다. 밀어내는 손에만 신경을 쓰면, 당기는 손의 팔꿈치가 되돌아가거나 내려가거나 하여 릴리이스의 실패의 원인이 되며, 밀어내는 손의 뻗음과 당기는 손의 팔꿈치의 장(張)을 잘 조화시켜 밸런스를 잡으며 릴리이스 할 수 있게 되면, 스코어는 급격하게 올라갈 것임에 틀림없다. 그를 위해, 팔꿈치와 어깨 사이의 근육을 사용하여 쏘고, 당기는 손목이나 손가락은 릴렉스시키는 것이 중요하다. 당기는 손의 팔꿈치의 장(張)의 느낌은 조금 윗쪽에 팔꿈치를 단단히 올리는 듯한 느낌으로, 항상 자신이 그 장(張)을 의식하는 것이다. 밖쪽에서 본 경우, 당기는 손의 팔꿈치의 위치는 화살선 보다 조금 올라가는 정도가 좋다.

〈주의〉
- 당기는 손의 팔꿈치가 앞쪽에 나오지 않도록, 반드시 화살 선상의 뒤로 날리도록 릴리이스 한다.
- 릴리이스 순간 느슨하게 하지 말 것.
- 밀어내는 손이 가능한 한 움직이지 않도록.
- 릴리이스 순간 활을 쥐지 말고, 자연스럽게 손에서 활이 날도록 한다.
- 화살은 결코 쫓아서는 안된다.

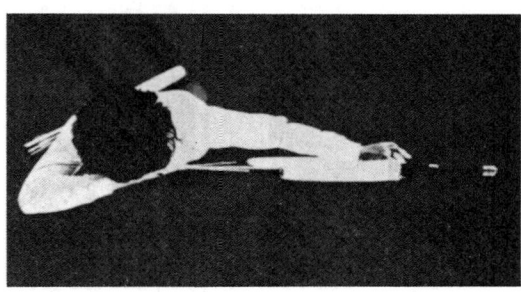

당기는 손의 팔꿈치가 앞쪽으로 나와 당겨붙지 않으면, 릴리이스 때 걸리는 원인이 된다.

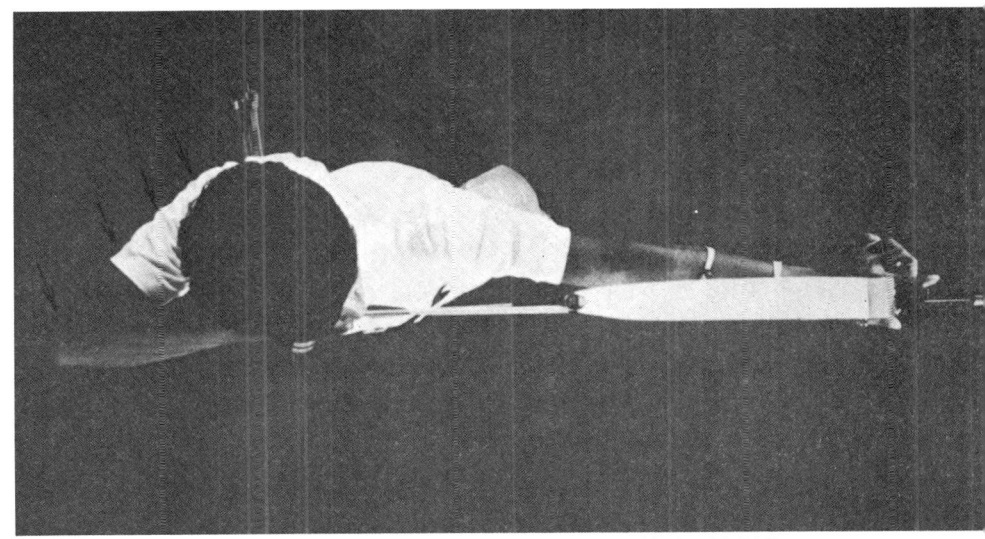
잘 날리는 요령 – 팔꿈치부터 등에 걸친 근육을 사용한다 (삼각근의 사용)

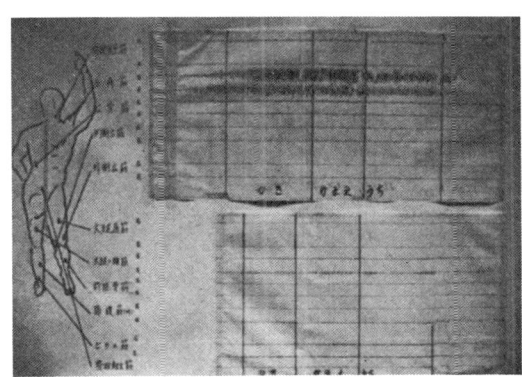
근전도. 톱 양궁선수는
삼각근의 사용이 크다.

쏜 다음 이내 눈으로 화살을 쫓는 사람이 많다. 마음이 적중에 쏠려있기 때문이라고 생각된다. 그러지 말고 어디까지나 바른 폼만을 생각하고 쏘는 것에 의해 보다 좋은 점을 얻을 수 있다.
 ● 깜박이거나 두려운 듯 눈을 감지 말 것, 쏠 순간 눈을 감고 릴리이스하면, 그 때 과녁을 겨냥할 수 없게 된다.

● 폴로우스루(잔신(殘身))

　화살을 날린 다음　자세를 잠시 그대로 유지하는 것을　폴로우스루라고 한다. 날리는 것에 의해 화살은 이미 날아가 버렸으므로　그 다음은 아무래도 좋다 라는 생각으로　멋대로 움직이는 경향이 있는데, 이 폴로우스루는 실로 중요한 것이다.

　좋은 폴로우스루를 하려는 생각으로 릴리이스 하는 것이 능숙해지는　지름길이며, 잘 쏘았을 때는 폴로우스루도 좋고, 나쁘게 쏘았을 때는　그 나쁨이 폴로우스루에도 남는다. 밀어내는 손이 내려가거나, 오른손이　앞쪽에 나갔거나, 결점이 확실하게 남게 된다. 그러므로 자신의 폴로우스루의 좋고 나쁨을 보는 것에 의해 어디가 나빴나를 반성하고, 다음 쏘기에서 그것을 고쳐야 하는 것이다.

　좋은 사수(射手)의 폴로우스루는 밀어내는 손이 홀드로우 때와 거의 다름이 없고,　아래 위 왼쪽 오른쪽으로 흔들리는 경우도 없고, 과녁 쪽을 향하여 뻗어 있다. 또 당기는 손은 똑바로 뒤로, 목 일부에 손이 닿을 정도가 좋다. 초보자는 궁의 힘에 밀어내는 손이 밀려, 쏜 다음 앞쪽 아래로 내려가는 사람이 많다. 이와 같은 사람은 가슴을 릴리이스 다음 수축시키는 결과가 되어, 건강상에도 좋지 않으므로, 어디까지나 가볍게 가슴을 벌리는 듯한 기분으로 잔신이 남는 것이 좋다.

　결코 가슴을 수축시키는 폴로우스루를 해서는 안된다.

〈주의〉

● 좋은 폴로우스루를 하기 위하여 의식하면서 릴리이스 한다.
● 폴로우스루에 의해 자기의 팔꿈치를 반성한다.
● 아름다운 기품이 있는 폴로우스루를 하려 마음 먹을 것.

윌버 부인의 훌륭한 폴로우스루

5
양궁선수를 목표로

톱 양궁선수란

● 1000점을 돌파하자

양궁(洋弓)은 누구라도 손쉽게 할 수 있는 반면, 능숙해지기까지는 이루다 말 할 수 없는 곤란이 있다. 끝을 알 수 없는 깊이가 있다. 톱 양궁선수는 적어도 중첩되어 있는 벽을 깨고, 어떤 단계까지 도달해 있는 양궁선수를 말한다.

그 수준으로써는 타켓트에서는 FITA 라운드에서 1100점 이상을 올린 사람을 톱 양궁선수라고 해도 좋다. 그러나 최근 기록도 향상되어 1200점 이상을 내는 사람이 다수 있기 때문에, 진짜 톱 양궁선수로서는 보통 1200점 이상 내야 한다.

세계양궁연맹도 이 벽을 깬 사람을 표창하고, 1000점 스타 뱃지, 1100점 스타 뱃지, 1200점 스타 뱃지, 1300점 스타 뱃지 등 4종의 뱃지를 준비하고 있으며, 이것을 수여하여 그 노력을 칭찬하도록 되어 있다. 올림픽 준비 기록은 남자 1100점, 여자 1050점이다.

그리고 톱 양궁선수가 되면 누구나 챔피언이 되고 싶어한다. 이와 같이 톱 양궁 선수가 되고, 챔피언이 되려면 어떻게 하면 될까? 그 요소로서

세계 제1인자 즌·윌리암스 선수(아메리카)의 사형(射型).
활-38 파운드, 화살-30 1/4 인치××75 2016

는 다른 스포츠와 마찬가지로 마음·기술·몸 그것을 노력과 경험으로 뭉치는 것이다.

　마음이란 어디까지나 이루겠다는 결의, 이기려는 의욕, 그것에 충실한 기력, 부동의 자신을 말한다. 기(技)란 뛰어난 테크닉, 신뢰성있는 용구 및 사용법이다. 몸이란 끝까지 피로를 느끼지 않는 뛰어난 체력이며, 스태미나이다.

  이들이 모두 일치 충실 될 때 그 사람은 챔피언이 될 수 있는 것이다. 물론 챔피언의 영광은 하루 아침에 이루어지는 것이 아니다. 계획성이 필요하고, 그 사람의 노력에 의해 이루어져 가는 것이다. 그리고 가장 위대한 것은 승리를 얻는 것 보다 오히려 그것을 향해 노력하는 것이다.

기초 체력의 양성

● 식생활의 개선 – 영양과 건강 관리

  양궁은 급격한 힘은 사용하지 않지만, 그 경기는 1일 6시간에 걸쳐 계속되고 긴장이 연속되는 경기이다. 세계 선수권이나 올림픽에 있어서는 그것이 4일 간에 걸쳐 불볕 더위 아래에서도, 빗속에서도 경기는 진행된다. 그 때문에 강한 체력이 필요하다. 외국인에 비해 동양인의 체력은 떨어진다. 그러므로 트레이닝 중 특히 중요한 것은 식생활을 개선하는 것이다. 양질의 단백질과 야채를 많이 섭취하지 않으면 안된다.

● 생활 환경의 개선 – 생활 관리와 심리적 관리

몬트리올 올림픽 금메달리스트, 다랄·페이스(아메리카)의 훌륭한 사(射)

 활은 육체적 요소 외에, 정신적 요소가 강한 스포츠이다. 즉 모든 것을 잊고 양궁에 몰입할 수 있는 생활 환경이 정비도어야 한다.
 인류 선수라도 취직 문제, 연애나 결혼 문제, 또 가정 문제에 관련되는 경우는 양궁에 몰입할 수 없게 된다.
 양궁은 집중력(콘센트레이션)이 가장 필요하며, 체력, 충실한 심리 상태가 되기 위해서는 그 사람의 생활 자체가 그렇게 되어야 한다. 그러므로 우선 자신의 생활 환경을 충실하게 하는 노력이 필요하다.

기본적인 연습

● 매일 활을 잡자
어떤 스포츠라도 능숙해지는 데는 연습을 해야 한다. 단 활과 같이 델리케이트한 스포츠는 반듯한 폼이 가장 중요하며, 나쁜 폼으로는 진보가 불가능하다.

그리고 양궁과 같은 스포츠는 무엇보다도 지구력을 필요로 하기 때문에 매일 어느 정도의 시간을 연습하는 것이 좋다. 특히 초보자가 능숙해지는 요령은 시작한 후부터 매일 계속하여 연습하는 것이다.

● 짚으로 된 과녁에 연습하자
가깝게 활터가 있으면 별 불편이 없으나, 활터가 없어도 활을 쏠 수 있다. 그것은 자신의 집 구석이나 방안이라도 좋다. 짚으로 된 과녁을 놓을 2~3m 거리만 있으면 바른 폼을 만들며 연습할 수 있다. 폼이 완성되었으면, 사이트를 붙이고, 짚으로 된 과녁의 일부에 표시를 하여 겨냥하도록 하면 90m 사형도 연습할 수 있다.

초보자는 물론, 능숙해지면 해질수록 짚으로된 과녁에서 연습하는 것이 중요하다. 톱 양궁의 집에 가면 대개 자신의 방에 과녁을 비치해 두고 있다. 아무리 바쁠 때에도, 매일 30발 이상 과녁에 쏘는 연습을 하면 당신의 기록은 반드시 올라갈 것이다.

● 연습에 목표와 계획성을 기한다
각자의 생활 환경에 맞추어 연습 목표를 세우고, 계획적으로 연습하는 것이 승리로의 지름길이다. 트레이닝을 어떻게 할 것인가, 어느 정도 할 것인가, 계획을 세워 확실하게 소화하여 나아가야 한다.

올림픽과 같은 큰 목표를 위해서는, 2년 계획, 아니 그 이상의 계획을 세워, 생활 모두를 활에 몰입하는 마음 자세가 필요할 것이다. 일찌기 스포츠는 시즌 오프라는 생각이 있었으나, 지금 레슬링도 발리볼도 올림픽 강화 선수는 매일 연습하며 하루도 쉬지 않는다.

제 25회 세계 선수권 우승자 캐나다의 리드스톤 선수

양궁의 경우는, 계획 중에 활의 연습 외에 반드시 활 이외의 트레이닝을 넣을 필요가 있으며, 기초 체력을 양성하기 위해서는, 사킷트, 마라톤, 웨이트 트레이닝을 해야 한다.

몬트리올 올림픽 우승자 루안·라이안 선수 (아메리카)

짚으로 만든 과녁으로 연습을 하자.

● 어째서 상하좌우로 화살이 흩어지는 것일까? -그 원인과 해결법

최근 톱 양궁선수는 다음과 같은 과녁의 그림을 그려, 어떤 연습 및 토너먼트의 모든 쇼트 화살의 기록을 써넣고 있다. 그리고 미스된 화살을 그 날의 마지막 또는 1주일 후에 정리하면 좋다.

즉 90m에서 30m까지, 왼쪽 또는 왼쪽 아래의 미스 40, 6시 방향 15, 오른쪽 방향 또는 오른쪽 아래 미스 10, 위 12시 방향 4와 같이 그것을 1주간 한 다음 자신의 미스를 조정하면, 자신이 주로 미스하는 화살은 어느 방향이 많은지 알 수 있게 된다. 그리고 그 방향으로 벗어나는 원인을 알아 그 결함이 수정된 경우 기록은 더욱 진보할 것임에 틀림없다. 그러므로 양궁선수는 우선 왜 오른쪽 위로 미스가 많은가의 원인을 찾아내지 않으면 안된다.

다음에 많이 빚어지는 미스의 원인과 그 화살이 나는 방향의 관계를 들어, 자신의 미스가 이 중 어디에 속하는가를 분석하는 것이 중요하다.

① 오른쪽 방향으로 젖혀지는 화살의 원인
  ① 릴리이스 때의 긁힘

강화 합숙에서 연습하는 양궁 선수들

이것은 양궁선수에게 가장 많은 미스 중의 하나이다. 이 미스는 동양인과 같이 팔이 짧은 사람에게는 오른손(당기는 손)의 팔꿈치가 뒤로 돌아가지 않고, 당기는 손의 손가락에 힘이 너무 들어 가는 경우, 놓을 때 당기는 손이 얼굴에서 오른쪽으로 튀어나오게 된다.

그 때문에 완전하게 골드에 맞추어져 있던 화살도, 릴리이스 순간 스트링을 오른쪽으로 당기는 결과가 되어, 그 반동으로 스트링은 왼쪽으로 당겨 되돌려지고, 그 때문에 화살의 포인트는 오른쪽으로 향해버린다. 이것을 그치기 위해서는 어디까지나 당기는 손의 팔꿈치 및 팔꿈치에서 어깨에 걸친 근육을 사용하여,. 놓기를 똑바로 화살 방향으로 날리는 릴리이스를 해야 한다.

릴리이스 다음의 폴로우스루가 긁히는 경우 그림과 같이 되므로 주의하기 바란다.

적은 긁힘이라도, 오른쪽으로 튐으로 주의하기 바란다. 홀드로우에서 오른쪽 팔꿈치가 화살 선 보다 앞쪽으로 크게 나가 있으면 긁히기 쉽다.

② 피이킹

이것은 릴리이스 때, 눈으로 화살을 쫓고 머리를 움직이기 때문에 화살이 오른쪽으로 가기 쉽다. 눈으로 화살을 쫓는 것은 큰 미스와 연결된다. 이미 쏘아버린 화살은 쫓아도 아무런 도움이 되지 않으며, 오히려 다음의 화살을 생각해야 하며, 화살을 눈으로 쫓는 것에 의해 머리를 움직여서는 안된다. 얼굴을 숙이기 쉽다.

③ 스파인이 활에 비해 너무 약한 경우 화살이 오른쪽으로 치으치기 쉽다.

④ 바른 위치 보다 왼쪽에서 앙카하고 있다.

⑤ 바람이 왼쪽에서 불어오고 있다.

⑥ 사이트핀이 왼쪽으로 치우쳐 있다.

⑦ 얼굴을 숙인 경우

② 화살이 왼쪽으로 간 경우

① 스트링이 가슴이나 밀어내는 손이나 암가아드에 접촉한다.

자신이 쏜 적지(的紙)에 기념 싸인을 하는 윌리암스 선수(뮌헨 올림픽에서)

이 경우 강하게 닿으면 소매를 스치거나 또는 밀어내는 손을 강하게 치면 왼쪽 아래로 화살이 간다. 이것은 밀어내는 손의 돌리기가 없거나, 또는 밀어내는 손의 어깨나 가슴이 나와 있는 경우에 많이 일어난다.

바른 릴리이스는, 스트링은 어디에도 닿지 않는다.

② 단단한 그립

활을 너무 단단히 잡는 경우에 왼쪽으로 간다.

③ 긴장 부족 또는 되돌아 쏘기

이것은, 밀어내는 손이나 당기는 손이 릴리이스 순간에 긴장이 부족하거나 특히 당기는 손이 포워드 릴리이스가 된 경우, 왼쪽 또는 왼쪽 아래로 화살이 간다. 이것도 당기는 손의 손가락에 힘이 너무 들어갔기 때문에 일어나는 경우가 많고, 초보자에게 일어나는 경우가 많다.

④ 앙카 포인트가 정상 보다 오른쪽 위나 또는 조금 오른쪽으로 붙어있는 경우. 당연 실제로는 아래 또는 왼쪽을 겨냥하고 있는 것이 된다.

⑤ 밀어내는 손이 움직이거나 떨려 움직이거나 하여 왼쪽을 겨냥하고 있다.

⑥ 스파인이 활에 비해 너무 강한 경우는 왼쪽으로 가기 쉽다.

回\射	1	2	3	4	5	6	계	누계
1	10	10	10	9	9	7	55	55
2	10	10	9	9	8	7	53	108
3	10	10	9	9	8	6	52	160
4	10	10	9	8	7	6	50	210
5	10	10	9	9	8	5	51	261
6	10	10	9	9	8	6	52	313

30 m

Hits 36 Golds 13 득점합계 313

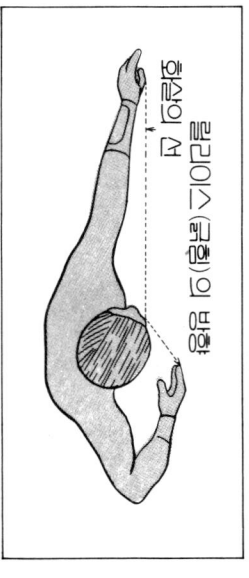

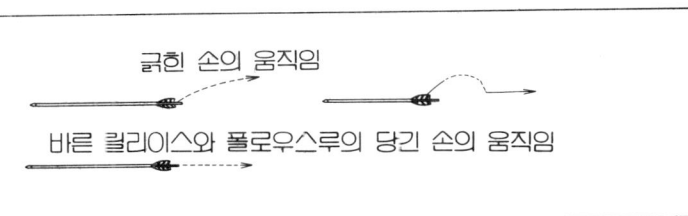

⑦ 밀어내는 손 쪽의 어깨가 올라가 앞으로 나간 경우도 왼쪽으로 치우치기 쉽다. 어깨를 내려 뒤로 당긴다.
⑧ 릴리이스 순간 보우를 밖쪽으로 티틀어 활을 왼쪽으로 비틀어 돌려버린다.
⑨ 바람이 오른쪽에서 불어온다.
⑩ 사이트가 오른쪽으로 너무 치우쳐있다.
⑪ 얼굴이 젖혀져 너무 뒤에 있는 경우, 왼쪽으로 치우치는 화살은 죽음의 화살이라고도 불리우며, 오른쪽으로 치우치는 경우 보다도 원인이 훨씬 많고, 고치기도 힘들다.

③ 위로 치우치기 쉬운 원인
① 오우버드로우의 경우
② 움직이면서 보우암(밀어내는 손)만으로 슛트한 경우. 좌우 맞추지 않고 밀어내는 손만으로 크게 릴리이스 한 경우.
③ 화살이 레스트 보다 떠오른 경우.
이 때는 크게 젖혀지기 때문에 주의해야 한다.
원인으로써, 당기는 손의 인지에 힘이 너무 들어간 경우, 그리고 놋킹 포인트가 치우친 경우에 일어나기 쉽다.
인지에 보통 때보다 힘이 너무 들어가면 녹을 끼우고, 화살의 샤프트가

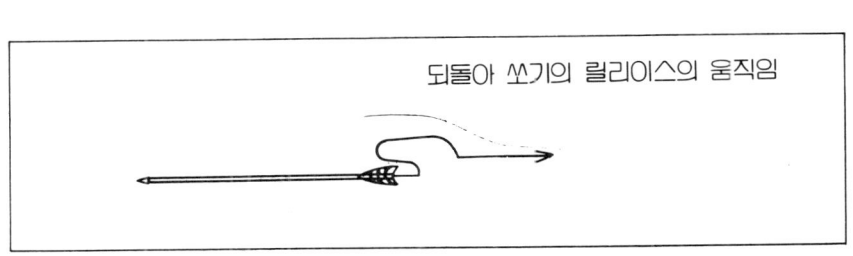

추위에서도, 빗속에서도 기력을 떨치며 계속 쏘는 양궁선수들.

아메리카가 자랑하는 맥키니 선수의 강한 릴리이스.

레스트에서 벗어나, 올라가 버린 화살의 끝단이 들려올라가 버리기 때문이다.

④ 바른 녹킹 포인트 보다도 화살이 아래로 내려간다 —녹킹 포인트가 너무 내려간 경우.

⑤ 릴리이스 하기 전에 또는 릴리이스 중 입을 벌리고 에이밍했다. 이와 같이 입을 벌리고 있는 사수가 많이 있는데, 항상 어금니를 물고 있어야 한다.

⑥ 릴리이스 때 이내 놓지 않고, 당기는 손을 급하게 뒤로 당겼기 때문에 화살 길이가 늘어나 버렸다.

⑦ 릴리이스 때 몸이 뒤로 젖혀졌다.

④ 아래로 벗어나는 원인
① 당기기가 부족한 오우버 드로우의 반대.
특히 크릿카츤보. 크릿카가 되기 전에 놓아 버린 경우.
② 밀어내는 손이 크게 내려간 경우 - 폴로우스루의 실패.
③ 앙카가 올라가 버린 경우.
④ 놋킹 포인트가 빗나가 올라가 버린 경우 - 항상 놋킹 포인트의 위치와 스트링 하이트는 재어 확인해 둘 것.
⑤ 약지를 깊게 걸지 않고, 힘이 너무 들어간 경우.
⑥ 릴리이스 때 밀어내는 손의 힘이 빠졌다. … 10초 이상이나 호울딩 하여 오우버 타임 기분이 들 때 일어나기 쉽다 (밀어내는 손이 지쳐 버린다).

비가 오는 날은 화살을 거두는 것도 힘겹다.

⑦ 릴리이스 직전에 숨을 내쉬었다 (보우암이 내려가는 원인).
⑧ 릴리이스 때 앞으로 기울어졌다.
⑨ 사이트핀이 너무 높다.
⑩ 화살이 활에 비해 너무 무겁다.
⑪ 스트링하이트가 너무 높다 ……화살 날아감이 나빠진다.
⑫ 맞은편에서 바람이 분다.
⑤ 그 외의 어딘가 **방향 부정의 원인**
① 바르지 않은 에이밍.
② 앙카 포인트가 끊임없이 변화하고 있는 경우.
③ 릴리이스 때 주저.
④ 머리의 위치가 변하는 경우.
⑤ 밀어내는 손을 움직임.

이상은 미스의 원인인데, 대부분의 미스는 이 중에 포함되어 있다. 이 이외 목을 갸우뚱하게 하는 원인 불명의 것이 있는데, 그 퍼센트는 적으며, 이상의 미스 중 어느것인가가 당신의 진보를 방해하고 있을 것이다.

톱 양궁선수의 트레이닝

● **양궁은 즐거운 스포츠인가**

자주 양궁(洋弓)은 노인이나 어린이도 간단히 할 수 있는, 그다지 체력이 필요없는 스포츠라고 하는 사람이 있다.

양 손가락을 마주끼워 당긴다.

활을 화살 없이 당기기
-10~15초 당기는 것을 반복한다.

전력으로 3~5초 서로 민다.

 확실히 누구나 할 수 있고, 레슬링이나 유도와 같이 과격한 힘은 필요하지 않다. 그러나 1일 144사(射), 아침 9시 부터 오후 4시경 까지 계속하는 경기가 또 달리 있을까? 이만큼 장시간에 걸쳐, 게다가 비가 오는 날도 바람이 부는 날도 중지되지 않는 경기는 그다지 없다.
 1971년 전국 대회에서는 첫날 많은 비가 내렸으나, 그런 중에서 하루종일 계속 쐈으며, 다음 날도 연속하여 144사, 그 다음 날도 했던 것이다. 세계 선수권 대회에서는 4일 간 계속된다.
 아메리카의 펜실바니아에서 실시된 세계 선수권 대회 때, 스웨덴 여자 선수는, 시합 중압감과 4일 간에 걸친 강열한 햇볕과 더위로 실신하여

팔 굽혀펴기
- 팔을 구부려 10초정도 정지한 채 그것을 반복한다.

쓰러지기도 했다. 세계 선수권 대회 등은 그만큼 힘들며, 또 정신력과 체력을 필요로 하고 있는 것이다.

가을의 개인날, 친구와 느긋하게 활을 당길 때의 양궁은 즐겁다. 그러나 엄청난 빗속에 계속 쏘는 것을 즐겁다고 생각하는 선수는 없을 것이다. 그 중에서 챔피언이 되는 것은 남보다 훌륭한 기력과 체력이 없이는 불가능하며, 그것은 장 시간에 걸친 트레이닝으로 만들어지는 것이다.

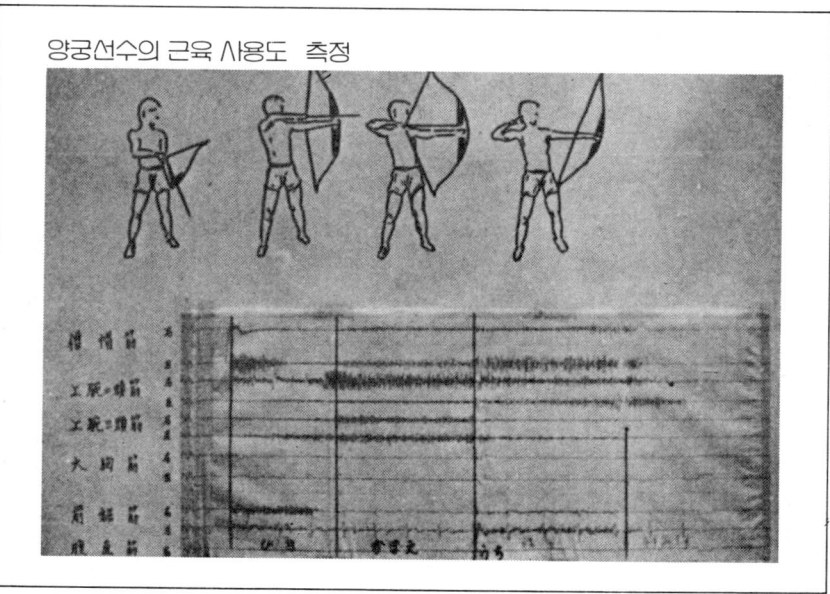

양궁선수의 근육 사용도 측정

고무끈으로 시합전 트레이닝을 하는 외국 선수.

● 지구력을 키우자

 우선 화살에서 가장 중요한 것은, 보다 빨리 달리는 것도, 큰 힘을 내는 것도 아니며, 몇초 활을 당기고 있어도 팔이 떨리지 않는, 활을 쏘아도 지치지 않는 지구력의 양성이 중요하다. 양궁의 90m에서 적중이 좋아도 70m, 50m 점점 나빠지거나, 제 1사는 좋은데 제 3사째는 흔들거리나 하는 선수는, 지구력이 없다고 해도 좋다. 제 1사와 제 144사째를 어디까지나 같은 힘으로 당길 수 있을 정도가 되어야 한다.

 이 지구력은 근 지구력 중에 동지구력과 정지구력이 있고, 아베베 선수와 같이 몇 시간을 달려도 지치지 않는 선수는 동지구력이 있다고 말하며, 양궁과 같이 근육을 움직이지 않고 몇초나 과녁을 겨냥하고 있어도 흔들리지 않는, 집중하고 있을 수 있는 선수는 정지구력이 있다고 말 할 수 있다.

● 아이소메트릭 트레이닝의 권유

 양궁에 필요한 정지구력과 근력을 키우는 데는 아이소메트릭 트레이닝이 가장 좋다고 일컬어지고 있다. 이것은 정석, 즉 움직이지 않는 것을 7~8초 전력으로 밀거나 당기거나 하는 트레이닝으로, 이것에 의해 근력도 지구력도 동시에 생기며, 근력을 키우기 위해서는 1일 1회로 효과가 있지만, 지구력을 키우기 위해서는 많이 반복하는 것이 효과가 크다.

끈 당기기 - 밀어내는 손에서 부터 왼발에도 끈을 사용하는 것이 효과적

〈아이소메트릭 트레이닝의 방법〉
　일류 선수의 대부분은 다음과 같은 트레이닝을 하고 있다.
　● 팔 굽혀펴기……단 횟수만을 많게 하는 것은 근력만 키우는 결과가 되므로, 팔을 구부린 채 10초 정도 멈춘다 (10회~20회).
　● 기둥을 전력으로 밀기 7~8초 정지한 후 떨어진다.
　● 양 팔꿈치를 펴, 손가락을 서로 끼운 다음 전력으로 당긴다.
　● 끈 당기기…… 자신의 화살 길이 정도의 길이가 되는 끈을 마음껏 잡아당긴다. 사진과 같이 하는 것이 효과적이다.
　● 활에 화살을 끼우지 않고 당기기 …… 활에 화살을 맞추지 않고 당겨 15초 정도 정지, 천천히 되돌리며 10초 정도 쉰 다음 당기는 것을 반복.
　● 양손을 마주하여 전력으로 서로 밀기.
　● 고무줄이나 튜브를 당겨 10초 정도 유지한 다음 놓는다.
　이상과 같은 트레이닝을 아무것이나 4가지 정도 선택하여 각각 8회에서 10회 하고, 1셋트로써 그것을 3셋트 정도 반복한다.

　● 파워업은 웨이트 트레이닝으로
　양궁에 있어서 파워는 강한 활을 편하게 당길 수 있는 힘이다. 그것을 키우기 위해서는 매일 같은 강도의 활을 아무리 당겨도 부담이 같기 때문에 효과가 적다. 근육은 보다 큰 부담을 가하면 그 이상이 되므로, 바아벨이나 던벨을 사용하여 부담을 크게 하여 웨이트 트레이닝을 하면 좋다. 특히 최근의 활은 스타비라이더가 붙어 1.5 kg~3 kg 가까운 무거운 활이 유행하고 있기 때문에, 파워가 없으면 이길 수 없다.

 (예 : 던벨 옆 올리기, 바아벨 밀어올리기, 바아벨 감아 올리기, 바아벨 흔들어 올리기, 파워프레스, 벤치프레스)

● 마라톤과 사킷트를 하자

 양궁은 90m의 긴 거리에서 화살을 뽑으러 왔다갔다 하며 이내 활을 당기기 때문에, 호흡이 조금이라도 거칠어지면 실패에 연결된다. 그러므로 호흡기관 계통을 강화하기 위해 마라톤도 중요한 트레이닝이 된다.

 또 전신의 지구력, 체력을 증진시키기 위해 사킷트 트레이닝도 하는 것이 좋다.

● 트레이닝의 주의

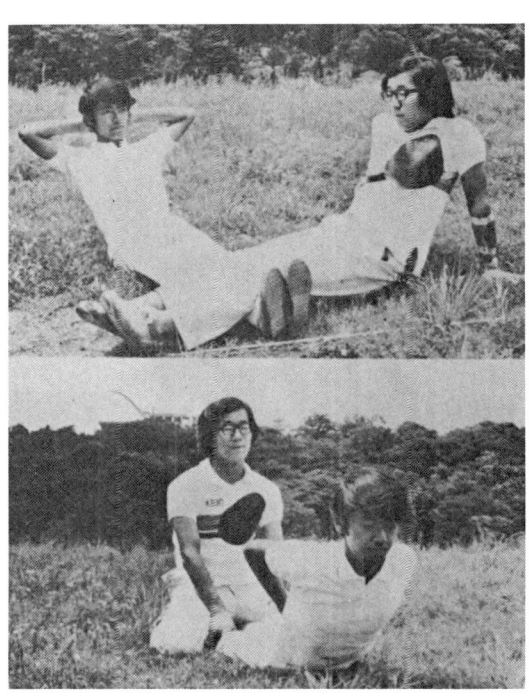

복근과 등의 근육

톱 양궁선수의 코치를 받는 것은 능숙으로의 지름길.
합숙에서 다른 선수를 보는 톱 양궁선수.

자주 시즌 오프에만 트레이닝하고, 경기 대회가 많아지면 트레이닝을 그만두어 버리는 선수를 볼 수 있는데, 이와 같은 생각은 넌센스이다.

트레이닝은 식사와 마찬가지로 모처럼 만든 근육도 연습을 쉬면 이내 없어지거나 본래의 상태로 되돌아가므로, 트레이닝은 매일 계속해야 한다. 또 급격하게 실시하지 말고 서서히 실시하는 것이 중요하다.

트레이닝은 어디까지나 자신의 약점을 강화하는 것이 중요하며, 그것에는 자기 자신만의 나름대로의 트레이닝 방법과 종류를 정하는 것이 중요하다.

예를들면 호흡 기관이 약한 사람은 반드시 마라톤을 넣어야 한다. 또 차에 타고 있을 때는 손잡이를 강하게 당기거나, 고무공을 손에 들고 손아귀의 힘을 키우는 등의 마음 가짐이 중요하다. 챔피언이 되는 사람은 반드시 무엇인가 남보다 더욱 열심히 트레이닝을 한 사람들이다.

● 컨디셔닝

톱 양궁선수 중 대부분은 경기 대회 전날 또는 전전날 경에는 연습량을 적게 하여 피로를 줄이고 있다.

세계 선수권에서도 일류 선수는 공개연습(경기 전날)은 거의 쏘지 않거나 조금 쏠뿐이다. 이것은 경기에 베스트를 내기 위해 각자의 컨디션을 조정하고 있는 것이며, 다음날은 경기 대회이므로, 자신감을 가지려고 전날의 연습을 많이 하여 좋은 결과가 나왔다는 이야기는 들어본 적이 없다.

또 우승을 겨냥하는 선수는 수면이 부족되는 경우가 많다. 어떤 챔피언

경기 대회에는 최고의 컨디션으로 임해야 한다.

은 경기 대회 전날 자지 않으면 안되기 때문에, 전전날 일부러 자지 않아 피로하게 만들어 잔다는 이야기도 있다.

이와 같은 여러 면에서 각자 컨디션을 만들어야 하는 것이다.

용구(用具)의 점검(点検)

양궁(洋弓)에서 하나의 화살이 바르게 똑바로 과녁에 날아가기 위해서는 복잡한 요소가 얽혀있으며, 그 중 하나가 잘못되어 있으면 잘 쏠 수 없다.

화살을 점검하는 선수들

그러므로 항상 주의하여 자신에게 맞는 것을 세트하여 두어야 한다. 예를 들면, 녹킹 포인트가 조금 벗어나면 경기 대회를 잃기 때문이다.
 어느 한 부분이 이상해도 좋은 활을 쏠 수 없으므로, 세심한 검토를 해 두는 것과 함께 자신에게 가장 맞는 것을 생각해 두는 것이 중요하다.

● 센터쇼트

 센터쇼트는 그림과 같이 화살의 한 가운데를 스트링이 통과하고 있는, 즉 화살과 활이 직각이 되어 있으므로, 이 이상 화살의 중심이 그림에 있어서 오른쪽으로 가면 적중률은 나빠진다. 또 센터쇼트 보다 화살의 중심선이 왼쪽으로 치우쳐도 적중은 변하지 않고, 사람에 따라서는 오히려 좋아지는 경우도 있다. 이 조절은 애로 프레트를 내는 것에 의해 정할 수 있다.

멘탈 콘트롤

 시합에 나가면 연습 때 보다 훨씬 적중률이 떨어지는 사람이 많다. 양궁은 정신면에서 큰 영향을 받는 것이다.
 불안이나 초조는 모든 경기에 악영향을 미친다. 심장은 빨리 뛰고, 다리가 떨리고, 위가 조여들고, 호흡이 빨라지고, 소위 '들뜬' 상태가 된다.

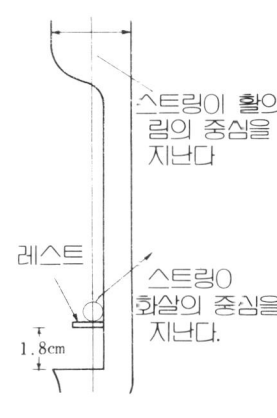
■ 센터 숏트
스트링이 활의 림의 중심을 지난다
레스트
스트링이 화살의 중심을 지난다
1.8cm

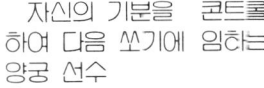
자신의 기분을 콘트롤 하여 다음 쏘기에 임하는 양궁 선수

   이것은 단기간에 승부를 정하는 격투 경기에서는 좋을지 모르지만, 양궁의 경우 좋은 결과를 거둘 수 없다. 그러나 누구나 처음에는 그렇게 된다. '자신은 양궁에 맞지 않는다'라는 생각은 가질 필요가 없다.
   누구나 각각 경험을 조금씩 쌓아가면 강해지는 것이다. 챔피언이라도 처음부터 강철 심장은 아니었던 것이다. 어떤 챔피언은 5년 정도 경기 대회에 나갈 때마다 위가 조여들어 아팠었는데 드디어 최근에 괜찮아졌다고 한다.

● 멘탈 콘트롤은 어떻게 하면 좋을까
   프랑스의 올림픽 코치는 멘탈 콘트롤을 위해 요가를 선수에게 시켰다고 한다.
   양궁에서 활을 당길 때, 노여움, 기쁨, 슬픔, 공포 등 일체의 감정을 제거하고, 자신을 잊고 기력 충실한 무아의 경지가 되도록 노력하는 것이 중요하다.

승리가 결정된 순간 빙긋 미소짓는 캅첸코 선수

'선(禪)' 등도 효과가 있을 것이라고 생각한다. 그리고 연습에 의해 자신을 갖고, 경험을 쌓아 가는 것이다. 어떤 사람이 챔피언이 될 것인가 어떨 것인가는 그 사람의 정신적 태도로 결정된다고 말하고 있다. 즉 같은 기술이라도, 챔피언은, 자신이 이기는 것은 당연하다고 생각하고 있으며, 지는 사람은, 어쩌면 자신이 이길지도 모른다는 생각을 가지고 있다는 것

세계 선수권 대회에서 궁구 검토를 하는 임원

뮌헨 올림픽
의 득점판

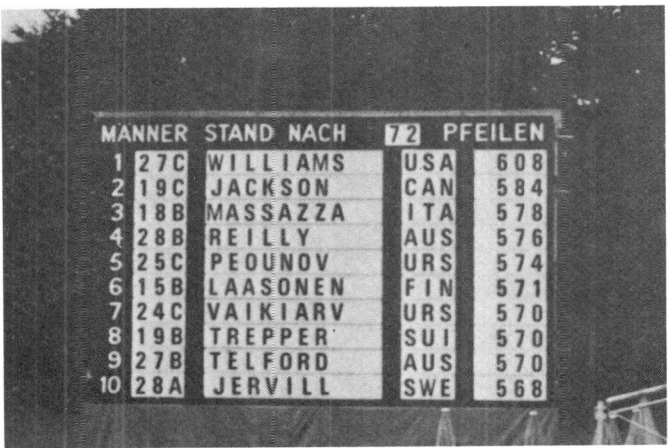

이다. 대부분의 양궁선수가 경기 대회에서 체험하는 것에는 다음과 같은 것이 있다.
① 쏜 화살이 너무 좋으면 다음이 나쁘다.
② 훌륭하게 좋은 점수를 딴 다음 나쁜 점수를 쏜다.
③ 첫날의 제 1사(第一射)를 실패한다.
④ 이 '1사(一射)로 승부가 결정된다'라고 생각하며 쏘면 실패한다.
⑤ 톱에 랭크되어 있어 우승을 의식하면 점점 나빠진다.
이상 모두 정신적인 것이 쏘기에 영향을 미치고 있는 예이며, 이와 같은

비가 오는 날은 신체를 젖시지 않도록 만전의 준비를 갖추도록 한다.

점을 하나씩 극복해야 하는 것이다. 과녁에 적중되지 않았다고 하여 후회하거나 화를 내지 말고, 무심으로 한발 한발 마음을 가다듬으며 당기는 것이 중요하다.

1971년 세계 선수권 여자 우승자 캽첸코 선수는 경기중 다른 선수와 5m나 떨어져 아무하고도 일절 이야기 하지 않고 자기와 싸우고 있는 모습이었다. 그리고 최후 화살을 다 쏘고 우승한 순간에 비로소 빙긋이 웃는 모습이 인상적이었다. 1984년 LA올림픽에서 금메달을 딴 우리나라의 서향순 선수의 경우도 마찬가지이다.

경기 대회에 있어서의 여러 주의

여러 경기에서 경험을 쌓아, 하나씩 하나씩 실패를 거듭하는 중 영광을 거둘 수 있는 것은 모든 스포츠에 공통되는 것이다. 양궁의 경기에 있어서도 역시 비오는 날도, 바람 부는 날도, 더운 날도, 추운 날도 있기 때문에 각각의 경우에 충분한 준비를 해둘 필요가 있다.

● 비가 오는 날의 주의

공식적인 경기에서는 많은 비가 와도 결행시킨다. 활 화살이 비에 젖으면, 화살에 닿은 수분이 무거워지거나 현의 당김을 가져와, 뻗는 경우 놋킹 포인트의 아래 부분의 현 쪽이 길어지기 때문에, 놋킹 포인트가 올라가게 된다. 또, 현이 습기를 띠어 반발력도 둔해진다. 그 때문에 사이트는 상당히 내려간다. 어느 정도 내려가는지는 그 사람의 활의 무게에 따라 달라지기 때문에, 비오는 날도 연습하여 내려가는 정도를 알아두어야 한다. 그 외 다음의 준비와 주의가 필요하다.

① 현에 왁스를 발라 둘 것.
② 손수건을 준비하여 쏘기 전에 활 화살을 닦을 것.
③ 화살에 오일 또는 시리콘을 발라둘 것.
④ 모자, 얇은 비옷을 입어 신체를 적시지 말 것,
⑤ 큰 비가 올 때는 바지도 신발도 젖으므로, 비닐 슈즈나 커버 또는 비닐 바지를 준비하는 것이 좋다.
⑥ 타브나 글러브의 여분을 준비하여, 때때로 바꾼다.

바람이 부는 날은 깃발을 보고 바람의 강도를 읽는다.

⑦ 화살을 뺄 때 미끄러지기 때문에, 손수건 등으로 화살을 잡고 뺀다.
⑧ 쌍안경은 방수를 사용한다.
⑨ 바꾸어 입을 옷을 준비해 두고, 휴식 시간에 바꾸어 입는다.

● 바람이 부는 날의 주의
쫓는 바람의 경우
화살은 바람에 타 사이트는 약간 올라가며, 장거리는 바람에 타는데, 단거리는 반대로 눌리는 경우도 있다. 화살은 헤비 파운드가 효과적이다.
맞바람인 경우
사이트가 대폭 내려간다. 90m에서는 바람에 눌려 5~10mm가까이 내려가는 경우도 있다.
단거리가 됨에 따라 사이트가 내려가는 비율은 적어진다.
옆바람인 경우
바람이 일정한 경우는 사이트를 바꾸어도 좋지만, 일정하지 않으면 과녁

의 위에 세워 둔 깃발의 움직임을 보고, 화살이 어느 정도 흔들릴 것인가를 계산하여 그 만큼 중심을 이동시켜 겨냥하는 것이 좋다. 또 바람의 숨을 겨냥하여 치는 것도 좋다.

바람 부는 날은 밀어내는 손으로 뻗어가는 사법(射法)으로, 릴렉스시켜 두지 않으면 바람으로 덮여, 0점에 맞는 경우가 많아진다.

또 30m등 바람으로 화살이 크게 흔들려 과녁에 꽂히기 때문에, 화살이 구부러지는 경우가 있으므로 화살의 구부러짐은 그 때 확인한다.

또 바람부는 것에 대하여 하반신이 안정되도록 스탠스를 바꾸어보는 연구도 필요하다.

● **맑은 날의 주의**

① 눈이 부시는 경우가 있으므로 썬그라스를 준비하면 눈의 피로를 덜 수 있다.

② 모자를 쓰고 해가 비치는 것에 의한 피로를 줄이도록 한다.

③ 더운 날은 소금을 섭취하도록 한다.

6
양궁의 경기 종목과 활터

양궁의 경기 종목과 룰

국제 양궁 연맹(FITA)에서 공인하고 있는 경기는 다음의 네 가지로 그 중, 타켓트(표적) 경기인 FITA 라운드만 올림픽에서 실시하고 있다.

세계 선수권은 타켓트 경기가 2년에 한 번, 필드(야외) 경기가 2년에 한 번 타켓트 선수권과 겹쳐지지 않도록 실시되고 있다.

앞으로 크라우트 경기는 세계 선수권이 실시될 예정인데, 후라이트 경기는 일반성이 없어 세계 선수권은 실시될 예정이 없다.

이 외 양궁을 사용한 경기로써 다체리나, 레저로써 한팅, 핏싱 양궁, 스킨 양궁 등이 있는데, 공인되어진 것은 아니다. 또 보우건은 양궁과 전혀 다른 것으로 양궁의 경기에는 보우건의 사용은 허용되지 않는다.

타켓트 경기(FITA라운드)

올림픽, 세계 선수권에서 이 경기가 실시된다. 일반적으로 가장 많이 실시되고 있는 경기 방법이다.

타켓트 경기 용으로 셋팅된 과녁과 라이트

● 경기 방법

 FITA라운드는 아래 기록의 각 쏘기 거리에서 각각 36발을 쏘아 합계 144발 총점으로 승부를 결정한다. 보통 1라운드(144발)인데, 올림픽이나 세계 선수권에서는 4일 간에 2라운드 합계 288발을 실시하고 있다.

 남자 90, 70, 50, 30m
 여자 70, 60, 50, 30m

 발사는 3발씩 같은 방향으로 실시하고, 90m에서 쏘기 시작하여 30m에서 끝난다.

● 표면적 – 타켓트 훼이스

 보통, 과녁이라고 하는데 장거리용(남자 90, 70, 여자 70, 60)은 직경 122cm인 것, 또 단거리용(50, 30cm)으로써 직경 80cm인 것 2가지 종류가 있고, 중심에서 10점 부터 1점까지 10단계로 나누고 있다. 그 구분선상에 화살이 적중한 경우 득점이 높은 쪽으로 계산한다.

 표적의 중심은 지상에서 130cm로 15도 뒷쪽으로 치우쳐 있다.

● 용구에 관한 룰

 ① 모든 활을 사용해도 좋은데, 발사장치가 있는 보우건은 사용할 수 없다.
 ② 현에 놋킹포인트 또는 립(킷서) 또는 노우즈 마아크를 붙인 것은 허용

보우건

```
┌─────────────────────────────┐  ┌──────────────────┐
│      양궁 경기              │  │   타켓트 훼이스   │
│                 ┌FITA인드어라운드│  │                  │
│ ① 타켓트(표적) 경기┤FITA라운드 │  │        │
│                 └아우트도어라운드│  │                  │
│ ② 필드(야외) 경기┤필드 라운드 │  │                  │
│                 └헌터 라운드 │  │                  │
│ ③ 크라우트 경기             │  │←큰 과녁 122cm→   │
│ ④ 후라이트 경기             │  │←작은 과녁 80cm→  │
└─────────────────────────────┘  │                  │
                                 │ 중심에서          │
                                 │ 황색…안쪽─10점   │
                                 │      밖쪽─ 9점   │
                                 │ 적색…안쪽─ 8점   │
                                 │      밖쪽─ 7점   │
                                 │ 블루…안쪽─ 6점   │
                                 │      밖쪽─ 5점   │
                                 │ 흑색…안쪽─ 4점   │
                                 │      밖쪽─ 3점   │
                                 │ 백색…안쪽─ 2점   │
                                 │      밖쪽─ 1점   │
                                 │ ○90, 70m ─큰 과녁│
                                 │ ○50, 30m ─작은 과녁│
                                 │ ○아메리칸라운드─큰 과녁│
                                 └──────────────────┘
```

표적 중심을 아래에서 130cm 되는 곳에 계측한다. 또 15° 뒷쪽으로 치우친 각도이다.

되지만, 그 크기가 어느 방향으로도 직경 1cm를 넘어서는 안된다.

그리고 사수의 코 높이 보다도 높아서는 안된다.

또 핍홀이나 표식을 붙여서는 안된다.

③ 사이트는 어디까지나 1개만 사용할 수 있으며, 더블 사이트는 사용할 수 없다.

또 사이트에 프리즘이나 렌즈, 수준기나 전기적 장치를 내장해서는 안된다.

타켓트 경기(FITA라운드)

표적 지탱 다리와 틀은 바람에 눌리지 않도록 단단히 고정시킨다.

④ 스타비라이더의 수는 4개를 넘어서는 안된다.
⑤ 화살의 크레스트, 화살 깃, 녹 모두 같은 색의 것이 아니면 안된다 (주

삼각 스탠드

3개 2분 30초 제한 시간을 표시하는 라이터 (황색…종료 30초 전을 지났다. 적…시간 종료, 쏘아서는 안된다. 그린 …발사해도 좋다).

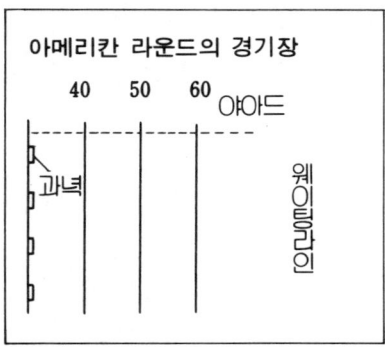

깃털이 3개 모두 같은 색이어야 한다는 의미가 아니고, 화살이 6개 모두 같은 색, 형을 하고 있어야 하는 것을 의미).

⑥ 발사의 도중 쌍안경을 사용해도 좋다. 단 3발 쏘기가 끝나면 사선에서 금방 웨이팅 라인으로 되돌아갈 것.

⑦ 썬그라스의 사용도 좋지만, 안경에 표식을 해서는 안된다.

⑧ 스탠스의 표시는 지상 1cm 이상 높게 돌출되어서는 안된다.

● 행사(行射)의 룰

채점은 신중하게 실시한다(뮌헨 올림픽)

① 각 사수는 1회에 3개씩 발사한다.

② 1회 3개씩 발사에 있어서, 제한시간은 2분 반이며, 그 이내에 발사 하지 않은 화살은 0점이 된다. 만일 2분 반이 지난 다음 쏴버린 경우는 적중해도 화살은 0점 처리가 됨으로 시간을 오버하여 쏘아서는 안된다.

발사선에 서는 위치에서 이동하지 않고, 사수가 자신의 활로 닿을 수 있는 범위에 떨어진 화살은 발사된 것으로 간주하지 않으므로, 주워 다시 한 번 쏠 수 있다.

● 득점 기록 방법

① 득점 기록은 90cm, 70cm, 60cm에서는 2발 발사(6회)로 실시되고, 50cm, 30cm에 있어서는 항상 1발 발사(3회)로 실시된다. 시간이 허락되면 장거리를 1회 발사할 때마다 기록해도 좋다.

몬트리올 올림픽 3위인 이탈리아의 훼라리 선수의 릴리이스

훌륭하게 금메달을 획득한 아메리카의 올버 부인과 윌리암스 선수

90m에서 자신이 쏜 화살을 점검하는 윌리암스 선수

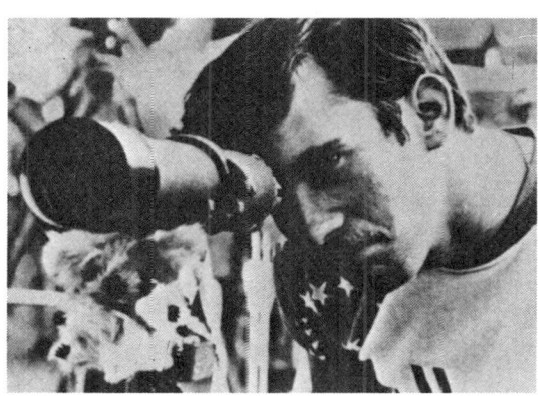

망원경으로 자신의 화살을 확인하는 윌리암스 선수

② 적중한 화살 전체의 기록이 끝나기 전에는, 화살 또는 표적면에도 손을 대어서는 안된다.

③ 화살이 득점대의 구분선에 닿아있는 경우는 득점이 높은 쪽으로 채점한다. 경기중, 어느쪽인지 모를 경우에는 심판에게 그 결정을 부탁한다.

④ 득점이 동점일 때는 적중수가 높은 사람이 승리자가 된다. 그것도 같은 경우에는 10점이 많은 사람, 그래도 결정되지 않을 때는 9점이 많은 사람이 승리자이다.

● 아메리칸 라운드

이것은 아메리카의 타켓트 경기로 널리 실시되고 있는 경기 방법이다.

FITA 라운드와 다른 점은, 사수(射数)와 거리의 차이이다. 표적면은 122cm의 큰 과녁을 사용, 점수는 황색 9점, 적 7점, 청 5점, 흑 3점, 백 1점이 되며 사수(射数)는 6발×5회 계 30발, 거리는 60야아드, 50야아드, 40야아드 3곳에서 쏘며, 총계는 30발×3=90이 된다. 퍼팩트는 90×9점= 810점 만점이다.

■ 연습용 타켓트 활터 만드는 방법

〈넓이〉

정규인 경기장에서가 아닌 연습장을 만드는 경우, 90m까지 당길 수 있는 것이 이상적이지만, 30m로도 좋은 연습을 할 수 있다. 단 화살이 과녁에서 벗어난 경우 위험이 전혀 없어야 하는 것이 전제되어야 하며, 그것만 완비되면 겨울 동안의 옥외 풀, 비닐 하우스, 실내, 정원 구석, 학교의 그라운드 등 어디에서나 연습장을 만들 수 있다.

그러나 항상 연습장에서는, 마을 가운데나 위험성이 있는 곳에서는 반드시 화살을 멈추는 곳이나 화살 받이를 만들어 화살이 벗어나지 않도록 연구한다.

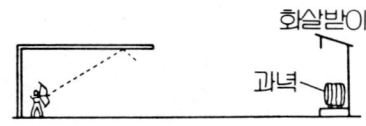

사선상(射線上)의 지붕을 내는 경우

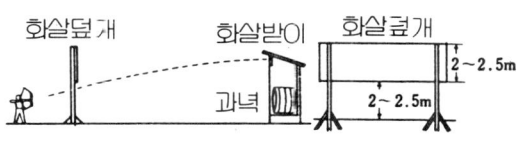

도중에 화살 덮개 판을 세우는 경우

〈백스톱(화살 받이 시설)〉
 백스톱은 활터의 폭에 따라 폭 넓이가 달라지며, 지붕은 다소 내기도 하며, 깔기, 매트, 짚으로 만든 과녁 등에 비가 와도 젖지 않도록 연구한다. 또 전기가 설치되어 있으면 야간 연습도 가능하다. 또 망석을 깔면 안전을 기하는데 도움이 된다.

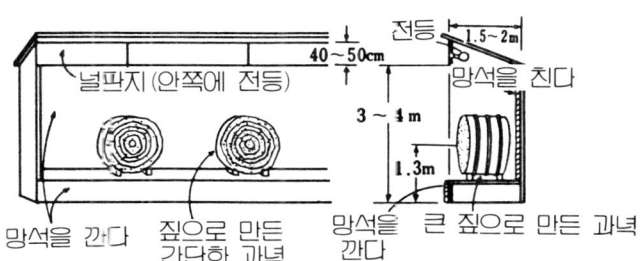

〈화살 덮게 시설〉
 뒷쪽으로 화살이 나갈 위험이 있는 곳이나 학교 내에서는 화살 덮개 시설을 만들 필요가 있다. 이 경우 장거리는 무리이고 단거리에 한한다. 또 옆면에도 화살이 벗어나 위험한 경우는 화살 덮개를 할 필요가 있다.

〈야외 연습장〉
 화살 덮개 시설이나 백스톱이 없어도 뒷쪽이 안전한 경우라면, 삼각대를 세우는 것에 의하여 간단하게 활터로써 연습할 수 있다. 따라서 삼각대, 망석, 과녁만 각각 보관하여 둘 창고만 만들면 된다. 또 정규 경기장에는 백스톱 등의 창고가 있으면 안된다.

■ 삼각대(스탠드) 만드는 방법
　연습 때 상설 화살 받이 시설이 없는 경우, 야외에 스탠드를 세우고, 거기에 망석이나 매트를 얹어 표적, 틀로 사용된다. 그림 1과 같이 만들면 130cm 평방의 망석을 사용한 경우 122cm 평방 과녁에서도, 80cm 평방 과녁에서도 사용 가능하다. 단 122cm 평방 과녁의 사용 경우는 그림 2와 같이 만들고, 80cm 평방 과녁 때는 그림 3과 같이 하면 과녁의 중심이 딱 130cm가 된다. 볼트 집어 넣는다 라인 180cm

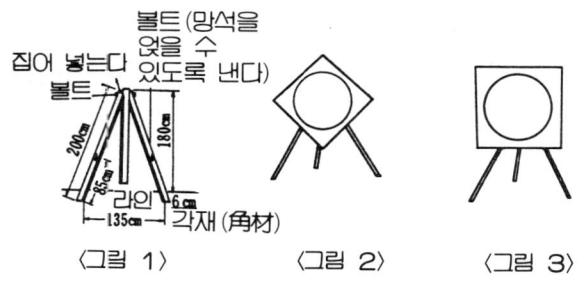

필드 경기

　이 경기는, 타켓트와 같이 하나의 과녁에 많은 화살을 쏘는 것이 아니고, 자연의 넓은 평야나 고원에 과녁을 14개 또는 28개 설치하고, 골프와 같이 과녁에서 과녁으로 전진하며 1코스 돌고, 그 총합점으로 승부를 결정한다.

　코스 도중에는 산, 계곡, 강 등 변화가 풍부한 지형이 바람직하고, 당연 자연 속에서 활을 즐길 수 있다. 또 4명이 1조로 1코스 도는 룰로 되어 있어, 활을 즐기는 것과 함께 즐겁게 이야기하면서 코스를 돌며, 좋은 사교를 가질 수도 있다. 그리고 산이나 계곡과 같이 변화가 풍부한 지형을 장거리 걷는 것에 의해 다리, 허리에도 좋은 운동이 된다.

　현재 아메리카에서는 타켓트 경기 보다도 이 필드 경기 쪽이 성행하고 있다. 우리나라나 유럽에서는 장소를 넓게 만들어야 하기 때문에, 타켓트 쪽 보다 성행하고 있지는 않지만, 최근 각지에 필드 경기장이 만들어져 있으며, 급격하게 필드 인구가 증가하고 있다.
 필드 경기의 세계 션수권 대회는, 아메리카어서 1969년에 처음으로 개최되어, 이후 타켓트 선수권과 겹쳐지지 않도록 2년에 한번씩 세계 선수권 대회가 실시되고 있다.
 필드 경기는, 필드 라운드와 헌터 라운드 2종류가 있으며, 필드 라운드는 과녁의 거리가 정허져 있지만, 헌터 라운드는 과녁의 위치를 바꾸어 과녁과 과녁의 거리를 알 수 없다. 그러므로 세계 선수권의 활터에는 시행 전에는 쫄대로 들어가서는 안되게 되어있다.
 세계 선수권에서는 이 양쪽 경기를 하여 그 총점으로 순위를 결정하고 있다. 또 사법도 2종류로 나뉘어 있다
 하나는, 홀에 조준기를 달아도 좋은 프리 스타일 부문이고, 이것은 궁구(弓具)로 스타비라이더나 사이트를 사용해도 좋고, 타켓트 경기와 같은 용구, 사법으로 쏘아도 좋다.

산의 대자연 속에 과녁을 설치해 놓고 쏘며 전진하는 필드 경기.

둥근 나무다리를 넘는 것도 즐거움의 하나.

또 하나는, 베어보우 스타일(또는 인스팅크팁)이라고 하여, 활에 표시나 조준기, 스타비라이더 등 일체 붙이지 않고 하는 경기이다. 이 경우 사법(射法)도 로우앙카 사법으로는 불리하며, 하이 앙카 사법으로 쏘는 편이

멀리 눈 아래의 과녁을 보며 힘껏 활을 당기는 양궁선수들 (60m).

산을 걷는 것은 좋은 운동이다.

유리하다. 경기도 이 2종류 부문으로 나누어 실시되기 때문에 혼자서 양쪽에 참가할 수 없다.

● 필드 경기에 사용되는 용어

① 유니트(UNIT) 규칙 대로 쏘면서 표적 14개를 일순하는 경기 단위.

② 라운드(ROUND) 앞의 유니트를 두번 겹쳐 실시하는 것. 또는 동일 유니트를 2회 도는 경기 단위.

  1라운드＝2유니트

③ 훼이스(FACE) 표적면

④ 스포트(SPOT) 표적면의 중심

⑤ 버트(BUTT) 훼이스(과녁)를 세워두고 지탱하는 것.

⑥ 포스트(POST) 발사 위치.

⑦ 쇼트(SHOT) 포스트 번호와 조합하여 사용하며, 예를 들면 제1쇼트, 제2쇼트로 말한다. 1유니트는 14쇼트로 이루어진다.

  어려우면 4발 1조를 1쇼트로 생각하면 된다.

프리 스타일은 사이트도 스타비라이더도 사용할 수 있다.

● 필드 라운드

현재 우리나라에서는 거의 이 필드 라운드가 실시되고 있으며, 헌터 라운드는 그다지 실시되고 있지 않다.

① 필드 라운드의 경기 방법

공식 필드 라운드의 1 유니트는 14 쇼트로 되어 있으며, 각각 쇼트에서 4 발 쏘므로 1 유니트는 14×4 발=56사, 보통 1 라운드(2 유니트)하기 때문에 56발×2 =122사로 경기가 실시되고 있다.

〈표적의 크기와 사거리, 사수(射数)의 룰〉

① 30cm 훼이스(표적)에 대해서 15m, 20m, 25m, 30m의 각 거리에서 각 4발씩 합계 16발.

30cm 훼이스의 경우 : 4 개의 30cm 훼이스가 4 각형을 이루어 설치되어 있다. 왼쪽의 포스트에서 방사하는 사수는 왼쪽 위의 훼이스를 겨냥하여 처음 2 을 쏘고, 남은 화살 두개를 왼쪽 아래의 훼이스를 목표로 발사

하는 것이다. 오른쪽의 포스트에서 발사하는 사수는 우선 오른쪽 위에 화살 2, 다음에 오른쪽 아래 훼이스에서 화살 2을 발사하는 것이다.

② 45cm의 훼이스에 대해 35m, 40m, 45m의 각 거리에서 각 화살 4개씩 계 화살 12.

③ 60cm 훼이스에 더하여 50m 55m, 60m 각거리에서 각 화살 4개씩 합계 화살 12.

베어보우는 사이트도 스타비라이더도 붙일 수 없는 활로.

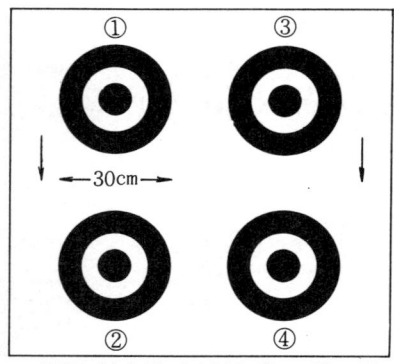

처음 사수가 2발씩 ①→②, 다음의 사수가 ③→④로 쏜다.

15m에서 30cm의 과녁을.

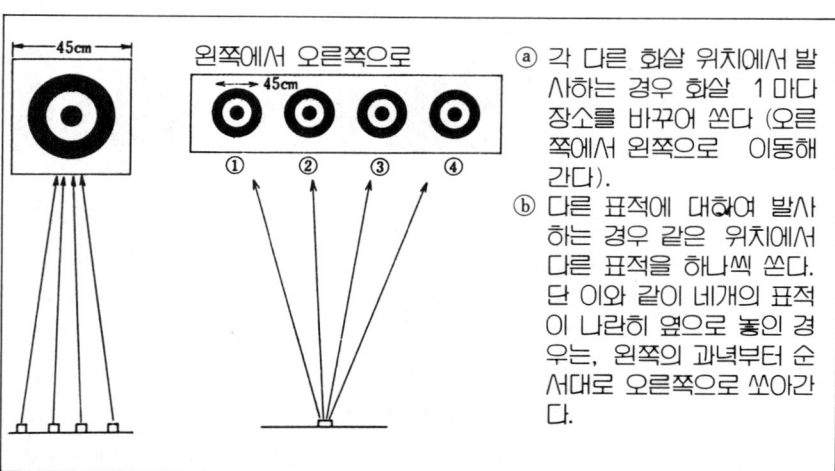

ⓐ 각 다른 화살 위치에서 발사하는 경우 화살 1마다 장소를 바꾸어 쏜다 (오른쪽에서 왼쪽으로 이동해 간다).

ⓑ 다른 표적에 대하여 발사하는 경우 같은 위치에서 다른 표적을 하나씩 쏜다. 단 이와 같이 네개의 표적이 나란히 옆으로 놓인 경우는, 왼쪽의 과녁부터 순서대로 오른쪽으로 쏘아간다.

 이상 10쇼트(4발을 1쇼트로 생각한다)에 가해져 다음 4가지의 쇼트는, 각각 다른 위치에서 발사하든지, 또는 다른 표적(같은 표적에 화살 4을 쏘아서는 안된다)에 대하여 발사한다.

35m에서 45cm의 과녁을 각 포스트에서 장소를 바꾸는 1발씩.

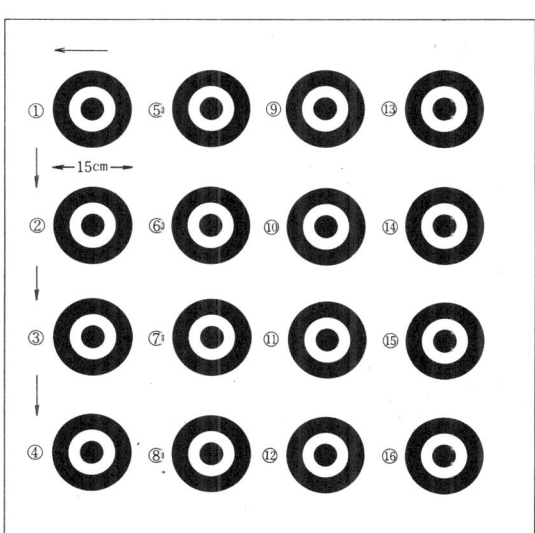

15cm의 과녁에서는 16개 과녁을 처음 쏘는 사수는 걷는 순으로 ①→②→③→④를 쏜다. 2번째의 사수는 3열째를 우에서 아래로 쏜다.

15cm의 과녁을 12m, 10m, 8m, 6m의 각 포스트에서 장소를 바꾸어 1발씩(걸음에 의해)

④ 45cm 훼이스에 대하여 35m에서 화살4. 화살4 모두 같은 거리에서 발사. 이 경우 다음 2가지가 있는데 어느 것을 사용해도 상관없다.

ⓐ 각 다른 장소에서 같은 과녁을 쏘는 경우.

ⓑ 같은 장소에서 다른 과녁을 쏘는 경우.

⑤ 15cm 훼이스에 대하여 6m, 8m, 10m, 12m의 각 거리에서 각 화살 1, 합계 4.

15cm 훼이스인 경우 : 4 훼이스씩(위에서부터 A, B, C, D) 종으로 4열(왼쪽에서 1, 2, 3, 4)로 합계 16개의 훼이스가 놓여진다. 각 발

60cm의 과녁에 대하여 60m, 55m, 50m, 45m 의 장소에서의 걸음에 의해.

이와 같은 넓은 장소는 쇼트 코스가 가능하다.

사 위치에는 2개의 포스트를 늘어놓는다. 제 1그룹의 왼쪽 포스트에서 발사하는 사수는, 해당 포스트에서 제 1열째의 각 훼이스를 A의 훼이스부터 스타트하여 순서대로 아래쪽으로 B, C, D훼이스를 향하고 발사하고, 오른쪽의 포스트에서 발사하는 사수는, 마찬가지로 왼쪽에서 제 3열째의 각 훼이스를 목표로 위에서 아래로 순차로 화살을 쏜다.

제 2의 그룹 사수는 마찬가지로 제 2열째의 각 훼이스를 왼쪽 포스트에서, 제 4열째의 각 훼이스를 오른쪽 오른쪽 포스트에서 발사하는 것이다.

⑥ 45cm 훼이스에 대하여, 30m, 35m, 40m, 45m의 각 거리에서 각 화살 하나씩 합지 화살 4.

⑦ 60cm 훼이스에 대하여 45m, 50m, 55m, 60m의 각 거리에서 각 1개씩 합계 화살 4.

이상 총 합지 14쇼트 화살 56으로 1유니트가 된다. 보통 이것을 2회

■ 필드 라운드의 경기 방법표

사 정 거 리	표적길이	사 법	사 수
15, 20, 25, 30	30	각 거 리 에 서	16
35, 40, 45	45	4 개 씩	12
50, 55, 60	60		12
35	45	다른 포스트, 다른 표적	4
6, 8, 10, 12	15		4
30, 35, 40, 45	45	1 개 씩	4
45, 50, 55, 60	60		4

14쇼트 코스의 합계 56개. 1 라운드에서 112개.

실시하여 1 라운드로 하고, 화살 112 퍼팩트로 560점이 된다.
 이상 14쇼트는 지형에 따라 어떻게 조합해도 좋으며, 적절하게 맞추어 변화를 풍부하게 하면 좋다.
 ② 필드 라운드의 활터
 ① 14쇼트 코스의 경우
 이 경기를 1 라운드하는 경우는 2 유니트 즉 28쇼트가 되기 때문에, 14

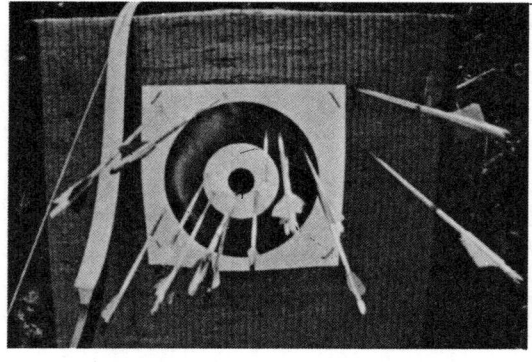

과녁의 중심 — 스포트.
버트는 멍석이 좋다.
 스포트와 그 주위의 하얀 곳에 적중한 경우 5점, 주위 검은 곳은 3점이다.

■ 필드 라운드의 표적
표적의 규격(단위 cm)

밖쪽 길이	안쪽 길이	스포트 사이즈
60	30.0	10.0
45	22.5	7.5
30	15.0	5.0
15	7.5	2.5

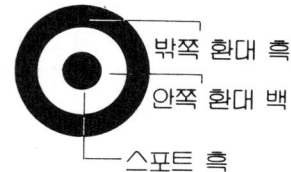

밖쪽 환대 흑
안쪽 환대 백
스포트 흑

쇼트 코스면 2회 도는 것이 된다 (28쇼트 코스는 1회). 거기에서 같은 코스를 2회 도는 것도 좋지만, 가능한 한 코스에 변화를 주기 위하여, 아우트 코스 인 코스를 설치하여 아우트 코스는 예를들면 포스트를 적색으로 하고, 인 코스를 청색으로 하여, 아우트 코스와 인 코스의 쇼트를 변화시켜 만들면, 같은 코스를 돌면서도 보다 변화가 있고 재미가 있다.

② 28쇼트 코스(풀드스)의 경우 지형이나 넓이에 있어서 28쇼트의 풀코스가 있으면, 필드 양궁으로써 이상적이다. 이 경우는 14쇼트 코스의 경우 보다도 변화가 풍부해지고 같은 코스를 2회 돌리지 않고 끝내기 때문에 재미가 있다.

또 동시에 1쇼트에 4명씩 쏘는 것으로써 4×28=112즉 112명의 인원이라도, 동시에 경기할 수 있는 이점도 있다. 또 14쇼트에서 4명이 보통으로 돌면 약 1시간 반~2시간 걸리기 때문에, 28쇼트 하면 약 3~4시간 정도 걸려 코스 도중 식사 가능한 장소를 생각할 필요도 있다.

③ 필드 리운드의 표적과 득점
① 종류와 길이…각 직경 60cm, 45cm, 30cm, 15cm의 4종류.
② 색채…색은 흰색과 검은색 2가지가 있다.
③ 동물 표적…동물을 모양으로 한 표적은 필드 라운드용 훼이스를 붙여 사용해도 좋다. 이 경우는, 안쪽 환대는 동물의 안쪽에 오도록 한다. 단, 중심의 스포트는 걸리에서도 확실히 볼 수 있도록 한다.
④ 득점
득점은, 스포트(흑) - 5점, 안쪽 환대(백) - 4점, 밖쪽 환대(흑) - 3점
1라운드의 퍼팩트 득점은 (14쇼트×4개×5점)×2 = 2유니트 = 560점이 된다.

● 헌터 라운드
① 헌터 라운드의 경기 방법
공식 헌터 라운드 1유니트는 다음의 14쇼트가 된다. 각 표적에 4가지 다른 스포트에서 각각 1발을 발사한다.
15cm의 과녁에 대하여, 5~15m에서 화살 8. 표적을 2개 설치하고, 화살 8의 거리 합계 80m가 되도록 발사한다.
30cm의 과녁에 대하여, 10~30m에서 화살 16. 표적을 4개 설치하고 화살 16의 거리 합계 320m로 한다.

경기 대회전에는 궁구를 엄격하게 검사한다.

45cm의 과녁에 대하여, 20~40m에서 화살 20. 표적을 5개 설치하고 화살 20개의 거리 합계 600m로 한다.

60cm의 과녁에 대하여, 30~50 m에서 화살 12. 표적을 3개 설치하고, 화살 12의 거리 합계 480m로 한다.

헌터 라운드 1유니트의 합계 화살수는 56이며, 1유니트의 거리 합계는 1480 m 이다.

② 헌터 라운드의 표적과 득점

필드 라운드의 표적과 같은 길이의 4가지 표적을 준비한다. 단 표적의 색은 전면 흑색, 가운데가 백색인 스포트를 붙인다.

표적의 구획선이 포스트에서 보이지 않도록 판다. 단 15cm 및 30cm의 표적인 경우는 가깝기 때문에 예외라도 된다.

헌터 라운드 용 훼이스를 동물의 모양으로 붙여 세워도 상관없다.

헌터 라운드용 표적의 득점치는, 필드 라운드와 마찬가지로 5, 4, 3 점.

이상과 같이 헌터 라운드와 필드 라운드의 차이는, 쏘는 거리를 일정하게 하지 않는 것이며, 과녁까지 몇 개인지 모르고, 게다가 한발 한발 모두 포스트가 다르게 쏘는 것이다. 그러므로 이 경우, 거리는 눈으로 측정하여 판단해야 하며, 프리 스타일에서도 사이트 사용이 실로 어려워진다.

또 정식 경기 대회인 경우는 임원이 규칙에 의해 자유로이 거리를 바꾸어 설정하고, 경기 대회날 까지 결코 선수를 입장시키지 않고 있다. 견학하는 것에 의해 거리감을 잡아 유리해지기 때문이다.

● 필드 경기의 분리 종목

필드 경기는 다음 두 가지 종목으로 나누어 경기를 실시하는 경우가 있다. 경기하는 경우, 베어보우 스타일이나 프리 스타일을 선택하고 양자 다른 순위를 정한다. 베어보우 스타일과 프리 스타일 어느쪽으로 할 것인지는 처음에 선수가 결정해 둔다.

① 베어보우 스타일(인스팅크팁형)
② 프리스타일(자유형)

① 베어보우 스타일

활에 사이트를 일체 사용해서는 안되는 사법으로, 다음의 둘을 지켜야 한다.

① 활은 일체 부속물이 없는 것이어야 한다. 또 조준을 도울만한 어떤 돌출물, 표식, 오점, 부속, 상표도 활의 윗 부분의 안쪽에 있어서는 안된다.

② 스타비라이더는 뗄 수 없는 것도 허가되지만, 뗄 수 있는 것은 모두 떼어놓아야 한다.

③ 현에는 1개의 쇼킹 포인트 이외에 어떤 표시도 붙여서는 안된다. 또 놋킹 포인트는 선수의 코 위치 보다도 높게 있어서는 안된다.

④ 다음의 용구는 사용해서는 안된다.
  ● 쌍안경, 망원경
  ● 거리의 측정을 도울 수 있는 것.
  ● 득점을 올리는데에 도움이 되는 메모류.
  ● 크릿카, 사이트, 움직일 수 있는 스타비라이더, 또 화살에는 자신의

프리 스타일

이름, 이니셜 등을 기입해 둔다. 그리고 화살은 모두 같은 칼라, 깃털로 한다.

② 프리 스타일

프리 스타일은 스타비라이더도, 사이트도, 크릿카를 사용해도 지장이 없기 때문에, 궁구의 룰은 타켓트와 거의 같다. 따라서 타켓트 전문인 선수면 프리 스타일로 이내 필드 경기를 할 수 있다. 사법도 로우앙카 법이 유리하다.

또 프리 스타일에 있어서도 다음 용구의 사용은 허가되지 않는다.

① 쌍안경 그 외의 광학기구.
② 거리 측정을 돕는 것.
③ 득점을 올리는데 도움이 되는 메모류(사이트의 눈금과 거리를 써넣은 메모류를 보면서 행사(行射)해서는 안된다).

또 프리 스타일도 베어보우 스타일도 공식 경기에서는 여자는 남자의 경기에 참가 할 수 있지만, 남자는 여자의 경기에 참가할 수 없다.

● 행사(行射)의 룰

① 코스를 돌 때 그룹을 만들어 한그룹 4명으로 돌도록 한다. 6명 이상, 2명 이하여서는 안된다.

② 각 그룹내의 사수는, A, B, C, D로 기호를 붙이고, 그 기호 앞에 그 그룹을 나타내는 1, 2, 3 이라는 번호가 붙어있다 (예 1A, 1B, 2A, 2B).

③ 발사는 다음과 같이 순환 순서로 실시한다.

하나의 포스트의 양쪽에 1명씩 사수를 두고, 동시에 2명이 발사하는 것이 바람직하다.

또, 필드 양궁에 있어서는 화살에 각각 번호 표시를 해 두어야 한다. 화살의 번호 표시는 링의 수로 나타낸다.

코스는 4명이 한조로 돈다.

필드 양궁에서 각 거리에 따라 길이가 다른 화살을 사용해서는 안된다. 이것은, 규약에는 없지만, 길이를 바꾸는 것으로 조준점을 바꾸어서는 안된다고 국제 회의에서 결정되었다.

예 : A, B — C, D
　　 C, D — A, B
　　 A, B — C, D

15cm 표적인 경우는, 사수는 1회에 한명씩 발사할 수 있다.

④ 4명의 사수가 1회에 1명씩 쏘는 경우의 순서는 다음과 같다.
　　A — B — C — D
　　D — A — B — C
　　C — D — A — B
　　B — C — D — A

⑤ 1그룹 3명인 경우는 다음과 같이 한다.
　　(주 2명 이하는 그룹을 질 수 없다)
　　A, B — C
　　C, A — B
　　B, C — A
　　A, B — C

그룹 5명인 경우도 마찬가지인데, 그 이상의 인원을 가지고 그룹을 만들어서는 안된다.

30cm 과녁은 버트 위에 사각으로 나란히 있다.

⑥ 전사수가 발사를 종료할 때까지는 사수는 표적에 가까이 가서는 안된다. 단 30cm, 15cm의 표적 경기인 경우는 특별하며, 30cm 때는 2명씩 15cm의 과녁 때는 1명씩 득점 기록을 하기 때문에 예외이다.

⑦ 4개의 표적이 버트 위에서 4각으로 나란히 있는 경우, 왼쪽 위의 표적에서 2발, 왼쪽 아래의 표적 2발, 다음 사수는 오른쪽 위의 표적 2발, 오른쪽 아래의 표적 2발을 쏜다.

⑧ 쏜 화살이 실패하여 자신의 바로 근처에 떨어진 경우, 그 위치를 움직이지 않고 자신의 궁을 펴서 당길 수 있는 범위이면, 집어 다시 한 번 쏠 수 있다. 그 이외는 어떤 사정이라도 다시 쏠 수 없다.

⑨ 타켓트 경기에서는 사선을 넘어 쏘지만, 필드 경기에서는 사선을 넘지않고 사선의 뒷쪽에 서서 쏘지 않으면 안된다. 그 경우, 한쪽 발의 끝이 사선(포스트)에 닿던가, 또는 조금이라도 15cm 이내에 있도록 할 것. 잘못 사선을 넘어 쏘면 실격이 되므로 주의할 것. 또 1m도 2m도 사선에서 내려가서 쏘아도 안된다.

● 득점 기록 방법

① 득점 기록은 1그룹의 전사수가 발사를 종료한 다음 실시한다.

단 30cm 훼이스인 경우는 2명. 그리고 15cm 훼이스는 1명마다 득점 기록을 실시한다. 그것은 15cm 등은 12~6m라는 근거리이기 때문에 다른 사람의 화살을 부러뜨리기 쉽고, 4개의 과녁이 사각으로 나란히 있기 때문에 판별하기 쉽도록 하기 위한 의미도 있다.

② 득점 기록이 끝날 때까지 화살은 물론, 표적 면에도 손을 다지 말 것.

③ 화살이 5점과 3점의 구분선에 있는 경우, 높은 채점으로 채점한다.

④ 표적 면에 튕긴 것을 증명할 수 있는 화살 및 관통된 화살은, 3점의 득점을 준다(세계 선수권 대회 때는 다른 규정). 또 지면에 닿아 튕겨 과녁에 적중한 것은 득점이 되지 않는다.

득점이 동적인 경우는 다음과 같이 하여 순위를 정한다.

① 스포트가 가장 많은 사람.

② 득점을 올린 적중수가 가장 많은 사람.

③ 이상의 두가지가 같은 경우는, 1번 쇼트에서 쏘아 우열이 정해진 쇼트로 결정한다.

● 국제 경기 실시 방법

타켓트 세계 선수권 대회는 더블을 4일간 실시하는데 필드 국제경기는 2일간 실시하도록 되어 있고, 제 1일째는 헌터 라운드이고, 사정 거리를 모르게 한다. 그리고 2일째는 필드 라운드를 실시한다. 사정 거리를 명시하고 경기한다.

필드 경기에서 알아 두어야 할 것

● 필드 경기에서의 사법(射法)

타켓트 경기에 있어서는 예외없이 로우앙카 사법이 유리하지만, 필드 경기에 있어서는 베어앙카 스타일이나, 헌터 라운드에서는 하이 앙카 사법쪽이 유리하다.

〈분류 종목과 사법의 관계〉

프리 스타일 { 로우 앙카 사법(사이트 사용)
　　　　　　 하이 앙카 사법(사이트 사용)

베어 보우 스타일　하이 앙카 사법(사이트 사용하지 않는다)

(인스팅크팁)

● 로우 앙카 사법

로우 앙카 사법에서 사이트를 사용하는 것으로 타켓트와 거의 비슷하다. 그러나 자꾸 거리가 변하기 때문에, 거리와 사이트를 미스하는 것에 의해 실패하는 경우도 있다.

또, 거리와 사이트의 눈금을 쓴 메모류를 보면서 경기하는 것은 금지되어 있기 때문에 주의해야 한다.

로우 앙카 사법으로 비교적 어려운 것이, 제일 가까운 15cm 훼이스의 12m, 10m, 8m, 6m이다. 이 경우, 사이트는 각 거리가 동일한 평평한 장소면 거의 사이트는 바뀌지 않는데, 강한 활일 경우, 너무 가까워 사이트가 맞지 않는 경우도 있으므로 연습을 요한다. 또 쳐내리거나 쳐 올리는 경우는 같은 거리라도 사이트가 변하므로 주의하기 바란다.

로우 앙카 사법을 사용하는 경우는 프리 스타일로 결정하는 것이 좋다.

● 하이 앙카 사법

채점은 모든 사수가 쏘기를 마쳤을 때.

하이 앙카 사법은, 베어 보우(인스팅크팁)스타일이 맞으며, 베어 보우 스타일이라면 하이 앙카 사법을 마스터하는 편이 좋다.

사이트, 스피드, 다른 표시은 일체 금지되어 있으므로 어느 정도 느낌에 의해야 한다. 처음 연습 때는 포인트·어브·에임법으로 겨냥하고, 연습함에 따라 '감(또는 느낌)'으로 쏠 수 있게 된다.

하이 앙카 사법 { 옥소독스 사법
　　　　　　　　 아팟치 사법

① **옥소독스 사법**

하이 앙카 사법에는 옥소독스한 사법, 즉 중지와 인지로 화살을 튕겨, 중지를 입 근처에 고정하고 쏘는 사법이 일반적이다.

활은 조금 숙이고 되도록 화살이 오른쪽 눈 바로 아래에 오도록 한다.

② **아팟치 사법**

이 사법은 3개의 손가락 사법이라고도 하며, 놋킹 포인트의 아래, 즉 화살을 손가락으로 끼지 않고 화살 아래에 3개의 손가락을 걸어 당기는 사법이다. 이 사법은, 1969년 FITA의 국제 회의 때, 이 사법을 금지할 것인가 허가할 것인가로 장시간 논의 되었는데, 결국 많은 우수 선수들이 이 사법을 사용하고 있어, 화살을 손가락으로 튕기지 않는 아팟치 사법도 FITA에서 공인하게 되었다. 이 사법의 장점은, 오소독스한 하이 앙카 사법 보다 화살이 눈 근처로 오기 때문에, 화살 끝으로 겨냥하는데 눈이 가까운 만큼 유리하게 되는 것이다. 근거리에서는, 화살끝이 스포트의 중심을 겨냥하면 시선과 같이 화살이 뻗어 그만큼 겨냥이 쉬운 잇점이 있다.

또 손가락으로 화살을 끼지 않기 때문에, 릴리이스 때 화살 끝이 화살에 스쳐 화살을 방해하는 일도 없어, 많은 사수가 아팟치 사법을 실시하고 있다.

단, 중지 또는 인지로, 입 근처까지는 다른 한 곳에 단단히 항상 고정시켜야 한다.

● 베어 보우 스타일과 하이 앙카 사법에 대하여

필드 경기에서는 베어 보우 스타일이라고 하여 조준기를 사용하지 않는 종목이 있는데, 어느 양궁선수는 이 베어 보우 스타일이야말로 활의 본래의 모습이라고 말한다. 즉 '아무런 에이밍을 돕는 기구를 사용하지 않고, 본능적 능력과 판단력으로 쏘며, 인간 고대의 수렵 시대의 활의 본질에 접할 수 있는 것이다.' 라고 말한다. 그리고 그 사람은 프리 스타일이나 타켓트는 전혀 하지 않고 베어 보우만을 연습하고 있는 것이다.

원래 필드 경기라는 것은, 수렵을 위하여, 또는 몸을 단련하기 위하여 고안 되어진 경기로, 확실히 베어 보우 쪽이 어렵고 또 재미있는 요소가 많이 포함되어 있다. 그러나 필드 경기에서는 사이트를 사용해도 되는 프리 스타일도 있고, 해보면 베어 보우와 마찬가지로 그 나름대로의 어려움과 재미가 있기 때문에, 제일 좋은 것은 양쪽을 충분히 연습하여 최후에 자신이 좋은 방법을 선택하는 것이 현명하리라 생각한다.

단 다음과 같은 것이 몇 가지 조사 또는 체험을 통해 알려져 있다. 그것은 직접 베어 보우 슈팅만 연습하고 있는 사람 보다 사이트 슈팅을 연습하고 그것을 충분히 익힌 후 베어 보우를 연습한 사람 쪽이 진보가 빠르고

능숙해지는 속도가 빠르다는 것이다.

그러므로 초보자로 베어 보우를 하고 싶은 사람은 우선 하이 앙카 사법으로 사이트를 사용하여 연습하던가, 또 포인트·어브·에임을 사용하여 충분히 연습한 후 감으로 쏠 수 있게 된 다음 이것을 하는 것이 이상적이다. 사실 타켓트 선수가 베어 보우를 시작하여도 진보가 빨라 나날이 훌륭하게 익숙해져 간다. 이것은 사이트를 사용하여 폼을 확실하게 하는 것이 활의 경우 가장 빨리 활을 익히는 방법이며, 처음부터 '감'만에 의지한 연습을 하는 것은 그다지 좋지 않고 조급한 생각이 들거나 하여 폼이 탄탄해 지지 않는 것이 아닌가 하고 생각한다. 그러므로 기초를 착실히 쌓은 다음, 기계적인 에이밍의 테크닉을 사용하지 말고 순수한 베어 보우로써 감만으로 과녁의 중심을 뚫을 수 있게 될 때, 참다운 베어 보우 양궁 선수가 되는 것이다.

—하이 앙카 사법(베어 보우 노 사이트인 경우)에서 특히 주의 할 점—
〈활과 얼굴의 기울어짐〉
① 오른쪽 눈(겨냥하는 눈)이나 화살의 끝을 똑바로 볼 수 있도록 머리는 조금 오른쪽으로 향한다.

② 활도 그것과 함께 오른쪽으로 향한다. 어느 정도나 기울여야 할지는 그 사람의 경험에 의하는 것이므로 화살이 왼쪽이나 오른쪽으로 벗어나지 않는 위치를, 자신이 잡는 것이 중요하다. 또 활을 똑바로 하여 두는 것이 더 좋은 사람의 경우도 있다.

〈앙카링〉
① 중지를 입 근처의 오른쪽에 고정한다.
② 구부린 엄지와 인지로 광대뼈를 감싼다.
③ 엄지의 제 1 관절을 귓바퀴의 일부에 스치게 한다.

골격의 차이로 엄지의 제 1 관절이라고는 딱잘라 말 할 수 없으며, 일정의 당기는 길이와 안정을 얻도록 해야 한다.

단 중지만 입 끝에 대고, 나머지 부분이 얼굴에서 떨어져 있으며, 불안정해지며, 손가락 끝에 힘이 너무 들어가도 안된다.

단 사람에 따라서 손이 작다거나, 얼굴의 골격도 다르기 때문에, 귓바퀴에 닿지 않는 사람도 있지만, 항상 일정하고 바른 위치에서 앙카한다.

〈에이밍〉
본래 감으로 겨냥하는 경우, 겨냥하는 선상에 한점을 잡아 그것을 드로잉하기 전, 즉 셋트업한 때 정해 두고, 드로잉하면서 그 점에 정신을

필드 경기에서는 사선을 넘지 않고, 사선의 뒷쪽에서 쏜다. 사진의 나무가 사선(포스트).

집중하고, 계속 쭉 마음으로 응시한다. 다른 것은 보지말고 쏘려는 점만을 주시하고, 밸런스를 잡는다. 그러나 과녁까지의 거리에 따라 겨냥을 높게 하던가, 낮게 하던가, 겨냥 점을 어디로 하던지, 그것은 그 사람의 연습 때에 습득한 대로 하면 된다. 말하자면 야구의 피처가 스트라익을 던질 때, 캐처의 밋트를 목표로 하여 던지면 자연히 거기에 공이 가도록 연습하는 것과 마찬가지이다.

처음부터 감만으로 하기에는 무리이며, 우선 포인트·어브·에임법으로 화살 끝과 겨냥 점과 거리의 관계를 알고, 연습에 따라 그것을 감으로 과녁의 중심에 적중시킬 수 있도록 연습해야 하는 것이다.

또 폼을 정하기 위해서는, 사이트를 사용하여 화살이 집중될 때까지 연습하는 것이 능숙해지는 지름길이다.

● 필드 경기에서 특히 주의해야 할 것

① 스탠스를 단단히 한다.

이것은 산의 경사나 급격한 쏘아 올리기, 쏘아 내리기 때에 발 디디는 곳이 나쁘기 때문에 스탠드를 바르게 잡을 수 없는 경우가 많다. 그러므로 각 장소에 따라 스탠스를 연구하여, 탄탄한 스탠스를 유지하며 쏠 수 있도록 하여야 한다.

② 활의 기울임이나 얼굴 방향을 일정하게

언덕이나 급경사면이 있는 곳은 스탠스가 나쁠뿐 아니라, 셋트나 얼굴 방향마저 흐트러지는 경우가 많기 때문에, 일정하게 되도록 연구해야 한다. 하이 앙카의 경우는 화살의 기울임을 일정하게 하고, 왼쪽 오른쪽으로 너무 치우치지 않게 주의한다.

또 로우 앙카의 경우는 현과 활의 일부분을 맞도록 해야 한다. 단 현 사이트는 금지되어 있으므로, 대부분의 사수는 다음과 같이 하고 있다.

즉, 현을 화살 위의 림 왼쪽의 선에 맞춘다. 또는 조금 가운데 쪽에 맞춘다. 그 경우, 밀어내는 손을 비틀어 맞추지 말고, 얼굴을 향하여 맞추도록 한다. 얼굴 방향을 단단히 고정시키고 과녁의 방향으로 마음껏 돌려, 현과 활의 한끝에 맞추도록 하는 것이다. 이 관계를 항상 일정하게 하는 것이 중요하다.

단, 골격의 관계로 현이 활의 중심에 오는 사람도 있는가 하면, 제일 왼쪽 끝을 조금 벗어나는 사람도 있는데, 왼손으로 미는 경우, 현이 활의 중심보다 오른쪽으로 오는 경우는 거의 없다. 이것에 의해 왼쪽 오른쪽으로의 화살 벗어남을 막을 수 있다.

③ 쏘아 올리기의 사형(射型)과 겨냥

필드는 산이나 계곡의 환경에 있기 때문에, 코스의 도중에는 급격한 언덕이나 내리막이가 있다. 그 경우, 쏘아 올리기 때는 그 쏘아 올리는 각도에 따라 차이가 생기는데, 사형(射型)은 스탠스를 조금 좁히고, 상반신을 조금 뒤로 행하는 것이 좋다. 그리고 사이트는 조금 내리는 듯한 느낌으로, 평탄한 곳에서 보다 약간 사이트를 내리는 정도가 딱 좋다. 베어 보우의 경우에서도 화살 끝을 약간 올려 겨냥한다.

④ 쏘아 내리기의 사형(射型)과 겨냥

이 경우도 내리막길의 각도와 거리에 따라 다른데, 이 경우, 조금 스탠스를 넓게 취하여 중심을 낮추고, 너무 앞쪽으로 숙이지 말고 편하게 쏘도록 한다.

사이트는 각도에도 따르지만, 어느 정도 사이트는 올리는 것이 좋다. 그리고 호흡이 거칠 때 쏘는 것은, 활의 경우 가장 적중에 영향을 많이 미친다.

그러므로 되도록 천천히 걷도록 하고, 호흡이 거칠어지지 않도록 한다. 또 사선에 설 때는 충분히 호흡을 가다듬은 다음에 쏘도록 한다. 또 보통때 마라톤 등의 트레이닝을 하여, 다소 걷는 것 정도로는 호흡에 아무런 지장이 없도록 해 두어야 한다.

⑤ **벌레에 물리지 않도록 약을 준비해 둔다.**

산속의 숲속인 경우는 여름이 되면 벌레가 몰려오므로, 물리는 경우가 많다. 발을 물려도 기분이 좋지 않으며, 홀드로우에 들어갈 때에 물리면, 그 때문에 실패하는 경우도 있으므로, 벌레에 물리지 않도록 바를 약을 준

로우 앙카 사법. 당기는 손은 턱 아래에 고정한다.

셋트업　　　　　　　　　　　　　　　　　　홀드로우

비해 둘 필요가 있다.

　복장도 여자는 바지- 필드의 경우는 허락되므로, 스커트가 아닌 바지를 입는 것도 좋다. 남자도 반바지가 아닌 긴 바지를 입도록 한다.

　또, 셔츠 등도 팔이 걸럭펄럭하는 것은 현을 당겨 미스하는 경우도 있으므로 피하고, 딱 붙는 것으로 하고 주머니도 왼쪽 가슴에는 없는 것이 좋다. 여자는 되도록 가슴 대기를 사용한다.

프리 스타일에서는 사이트의 조절이 실로 어렵다.

릴리이스

● 필드 코스에 있어서의 매너

① 연습 때에도 가능하면 4명이 한조가 되어 칩을 정하고, 채점자, 화살 집기, 화살 줍는 사람 등을 정하여 코스를 스무스하게 돌 수 있도록 한다.

② 화살 줍기, 화살 찾기는 어느 정도 찾아도 없는 경우에는, 다음 그룹에게 방해가 되므로 나중에 찾는다. 그 때문에 예비로 화살은 반드시 준비해 두어야 한다.

③ 초보자는 코스에 직접 나가지 말도록.

필드에서는 최장 60m가 있으며, 결코 초보자가 코스에 나가는 것은 위험하다. 그것은 자신이 겨냥한 곳으로 가지 않고, 엉뚱한 곳으로 화살이 날아가 버리는 경우가 있기 때문이다.

초보자는 어느 코스에나 연습장이 있으므로 적어도 30m에서 4개 모두 과녁에 적중시킬 수 있게 된 다음 코스에 나가도록 하는 것이 좋다.

위험이 없어도 처음 2쇼트 정도에서 화살이 전부 없어지는 경우 등이 생기면, 다른 사람에게도 방해가 되므로 좋지 않다.

④ 연습 시, 혼자서 코스를 돌고올 사람이 있으면 먼저 돌도록 한다. 4명의 그룹으로 돌 때에, 한명 또는 두명의 그룹이 돌면, 소요 시간이 다르기 때문에 이내 쫓아오게 된다. 이와 같은 때는, 4명의 그룹은 뒤에

아팟치 사법
① 놋킹
② 셋트업
③ 홀드로우
④ 릴리이스

오는 그룹을 기다리지 말고 먼저 돌도록 한다.
 ⑤ 쏘고 있는 사람의 정면에 서거나, 너무 가까이 있지 말고 충분히 뒷쪽에서 다음 차례를 기다리도록 한다.
 ⑥ 결코 앞 그룹을 재촉하지 말 것. 같은 사람 수로 돌고 있는 경우, 앞 그룹은 왜 그렇게 느리냐고 재촉하지 말라는 뜻이다.
 ⑦ 경기 때는 적중한 점수를 읽거나 어드바이스를 해서는 안된다.
 양궁은 경기 중 어드바이스를 일체 금하고 있으며, 적중했을 때 나이스 쇼트 라고 말하는 것도 어드바이스가 되기 때문에, 4 발 쏘기가 끝날 때까지는 소리를 내서는 안된다.
 ⑧ 양궁은 신사의 스포츠이기 때문에, 모르는 사람이라도 반드시 서로 인사를 한다.

● 타켓트와 필드 궁구(弓具)의 차이
 필드 경기를 하는데 타켓트 경기와 같은 용구면 될까?
 필드 프리 스타일에서는 로우 앙카로도 되기 때문에, 타켓트용 활로 사이트를 사용하여 그대로 사용할 수 있다. 그러나 베어 보우 스타일에서는 사이트도, 스타비라이더도, 크릿카도 사용할 수 없기 때문에, 현재와 같이 스타비라이더가 붙어있는 타켓트용 활은 사용할 수 없다. 그래서 사이트나 크릿카나 스타비라이더 등 아무것도 붙어있지 않은 활을 사용하지 않으면 안된다.

또 활의 강도는 타켓트와 같이 90m와 같은 장거리가 아닌, 최장이 60m 이기 때문에 타켓트 보다 약한 활을 사용하는 편이 유리하다고 생각한다. 즉 타켓트에서 40파운드를 사용한 사람은, 36~7 파운드를 사용하면 좋다.

강한 활도 6m와 같이 가까운 거리를 겨냥할 때, 의외로 어렵고, 잘 적

아팟치 사법으로 쏘는 양궁선수. 진흙이나 비가 오는 날에도 튼튼한 가죽 장화, 허리엔 화살통, 또 허리 뒤에 화살이 나무에 꽂혔을 때 빼기 위한 망치, 끌 (또는 칼)등 퍼팩트한 준비가 되어있다.

베어 보우야말로 원점(原点) 이다.

중되지도 않는다. 약한 활로 잘 겨냥하는 편이 보다 적중률이 좋다.

또, 타켓트에서 프라 깃털이 장거리에 있어서 유리하기 때문에, 거의 프라 깃털을 사용하는데, 필드의 경우는 새의 깃털을 사용하는 편이 좋다. 왜냐하면, 최장 60m에서, 단거리 쪽이 많거나 6m와 같이 가까운 거리에서는 새의 깃털 쪽이 좋다.

또 버트를 치는 일도 많이 있고 작은 돌이나 나무에 부딪혀도 새의 깃털은 파손되는 경우가 거의 없지만, 프라 깃털은 잘 망가진다.

단, 비가 올 때는, 새의 깃털은 젖으면 납작해져 버리기 때문에, 프라 깃털쪽이 유리하다. 그러나 집중력은 프라 깃털 쪽이 있기 때문에, 상급자는 프라 깃털을 사용하는 것이 좋다.

쌍안경을 사용하여 화살을 확인할 수 없기 때문에, 깃털은 가능한 한 큰 형이며, 빨간색이나 화려한 색의 깃털을 사용하여, 육안으로 보기 쉽도록 연구하는 것도 중요하다. 또 크릿카를 사용한 사람은 화살을 짧게 하고,

중지를 입의 오른쪽 끝에 고정시키도록 한다.

이런 장소도 있으므로, 그 장소에 따라 탄탄하고 안정된 스탠스를 연구해야 한다.

필드의 베어 보우 슈팅의 경우, 화살끝으로 겨냥할 때 편하도록 화살은 다소 긴 편이 좋다.

● 필드 경기의 연습

골프와 마찬가지로 어느 정도 자신이 생각한 곳에 화살이 날아갈 때까지는, 30m 이하의 가까운 거리에서 우선 하이 앙카 사법을 연습하지 않으면 안된다.

빨리 코스에 나가고 싶은 생각은 알지만, 과녁에 적중하지 않고, 가까운 곳의 나무나 흙속에 화살을 쳐박아 화살만 망가질 뿐이며, 다른 맴버에게 성가심만 줄뿐이며, 적어도 30m에서 36발 250~280점 이상(타켓트에 있어서)이 가능한 다음 코스를 도는 것이 좋다.

또 어느 활터에나 연습장이 있으므로, 거기에서 기본 폼을 착실히 연습하고, 바른 폼을 익힌 다음, 코스에 나가는 것이 진보가 빠르다. 또 처음에는 궁구를 킬려도 좋지만, 자신에게 맞는 궁구(弓具)가 없으면 그 때문에 적중이 나빠지는 경우도 있으므로, 가능하면 자신의 궁구(弓具)를 빨리 준비하는 편이 좋다.

● 필드 경기의 장태

필드 경기의 즐거움은 뭐니뭐니 해도 도심지를 벗어나 대자연의 산이나 계곡에서 태고부터 내려오는 활, 화살을 들고, 친근한 친구와 이야기하면서 과녁에서 과녁으로 그 기술을 겨루며 걷는 것에 있다. 작은 새의 노랫소리와 자연속에서 풀 냄새를 맡으며 나무와 나무 사이에 있는 과녁을 겨냥하는 즐거움은 한번 해 보면 결코 잊을 수 없는 것이다.

1유니트 도는 데에 약 1시간반~2시간, 1라운드 도는 데, 약 3~4시간이라는 그리 길지 않은 시간이 걸리며, 스트레스 해소에도 좋다. 걷는 거리도 알맞고, 산이나 계곡에 있는 활터에서는 참으로 다리 운동에 도움을 받을 수 있다. 4명이 한 그룹으르 돌면 딱 좋지만, 2명도, 한명이 돌

너무 앞으로 기울이지 말고 편하게 쏘는 것이 중요하다.

여자의 복장은 바지로

산길을 급하게 걸으면 호흡이 거칠어 치므로 좋지 않다.

화살 줍는 담당을 정하여 스무스하게 돌도록 하자.

아도 지장은 없기 때문에, 경기 대회가 아니면 혼자서 돌아도 좋다.
　세계적으로도 이 매력있는 필드 경기가 성행하게 되었으며, 아메리카에서는 타켓 이상 성행하고 있고, 양궁 선수 대부분이 필드 경기를 즐기고 있다. 우리나라에서도 최근 필드의 진보는 현저하여, 각지에 활터가 만들어져 있고, 필드 인구도 급격히 늘고 있으므로, 곧 타켓 이상의 발전을 보일 날도 얼마 남지 않았음에 틀림없다.
　단 한가지 중요한 것은, 활은 어디까지나 사용법을 틀리면 위험하다는 것이다. 최근과 같이 활터가 난립하고, 전혀 경험이 없는 초보자가 이내 코스에 나가거나 하는 것은 결코 삼가해야 할 사항이다. 적어도 자신이 겨냥한 곳에 화살이 갈 수 있게 된 다음 코스에 나가야 하며, 한번이라도 사고를 일으키면, 양궁의 발전을 크게 저해한다는 것을 잊어서는 안된다.

크라우트 경기

　이것은 인디안의 독특한 경기로, 지상에 15m가 직경인 원을 그리고, 남자는 165m에서, 여자는 125m의 먼거리에서 36개의 화살을 쏘아, 과녁에 꽂히게 하는 경기이다.
　크라우트 표적은 직경 15m의 원형이고, 중심에서 다섯개의 밖쪽으로 동심원이 득점대로 구분되어 있고, 각각 득점폭은 1.5m로 되어 있다. 크라우트 표적은 지면 위에 만들고, 구분선상의 것은 높은 득점안에 들어간 것으로 하여 점수를 센다.
　크라우트 표적의 중심에는 하얀 3각기(크라우트)를 세운다. 이 3각기는 길이 80cm, 폭 30cm 이하이다. 또 이 기는 지면에 단단히 수직으로 세우도록 되어 있다. 또 표적의 점수는 중심에서 밖쪽으로 향하여 5, 4, 3, 2, 1 점이다.

후라이트 경기

　후라이트 경기는 최대 비행 거리를 겨냥하는 경기로, 화살은 6발이다. 경기는 다음과 같은 크라스 나누기로 실시한다.
　A, 표적활 크라스(타켓트용 활)

B, 사류활(射流弓) 크라스(활의 중심부에 구멍이 뚫린 독특한 활)
B는 다음과 같은 중량별로 되어 있다.
남자 : 50파운드 활, 65파운드 활, 80파운드 활, 무제한 활, 족궁(足弓).
여자 : 35파운드 활, 50파운드 활, 족궁(足弓).

기준선 또는, 발사선 위에서 화살이 날아가, 거리 측정도, 이것을 기점으로 측정할 뿐인데, 이 선은 적어도 20m 필요하다.

발사선에 대하여 직각을 이루는 경기장 라인은, 900m까지 표시가 된 1개의 직선 또는 말뚝에 의해 확실하게 명시한다. 0 m에서 400m까지는 말뚝은 100m 마다 세우고, 400m에서 900m까지는 말뚝은 25m마다 세운다. 화살이 낙하하려면 예상되는 착지 지역은 적어도 200m 폭이 되어야 하며, 900m의 표시에서 기준선을 향하여, 적어도 450m 가까이 까지가 착지 지역이라고 생각해야 한다. 이 지역은 장해물 및 위험물이 일체 있어서는 안되며, 화살의 착지에 상황이 좋도록 잔디가 깔려있으면 좋다. 거리의 측정은 경기장 라인에 따라 스틸 테이프로 실시한다. 거리는 화살이 꽂혀있는 점 위를 통과하는 경기장의 라인에 대하여 직각이 되는 선을 따라 측정한다. 만일, 화살이 지면에 떨어진 경우는, 화살의 금속 끝단을 통과하는 선에 의해 측정한다.

> 판권본사소유

현대 양궁교본

2010년 8월 20일 인쇄
2010년 8월 30일 발행

지은이 | 현대레저연구회
펴낸이 | 최 상 일
펴낸곳 | 태 을 출 판 사
서울특별시 중구 신당6동 52-107(동아빌딩내)
등 록 | 1973 1.10(제4-10호)

ⓒ2009. TAE-EUL publishing Co.,printed in Korea
※잘못된 책은 구입하신 곳에서 교환해 드립니다

■ 주문 및 연락처
우편번호 100-456
서울 특별시 중구 신당 6동 제52-107호(동아빌딩내)
전화: 2237-5577 팩스: 2233-6166

ISBN 89-493-0292-6 13690

현대인의 건강과 행복을 추구하는

최신판 「현대레저시리즈」

계속 간행중!

각박한 시대 속에서도 여유있게 삽시다!!

현대골프가이드
●초보자를 위한 코오스의 공격법까지를 일러스트로 설명한 골프가이드!

현대요가미용건강
●간단한 요가행법으로 날씬한 몸매. 잔병을낫게 하는 건강비법 완전 공개!

현대태권도교본
●위협적인 발차기와 가공할 권법의 정통 무예를 위한 완벽한 지침서!

현대복싱교본
●복싱의 초보자가 챔피언이 될 수 있는 비결을 완전 공개한 최신 가이드!

현대펜싱교본
●멋과 품위, 자신감을 키워주는 펜싱의 명가이드!

현대검도교본
●검술을 알기 쉽게, 빠르고 정확하게 체득 할 수 있는 검도의 완벽한 지침서!

현대신체조교본
●활력이 넘치는 싱싱한 젊음을 갖는 비결, 현대 신체조에 대한 완전가이드!

현대즐거운에어로빅댄스
●에어로빅댄스를 통하여 세이프업한 체형을지키는 방법 완전공개!

현대보울링교본
●몸도 젊게, 마음도 젊게, 남녀노소 누구나 즐길 수 있는 최신 보울링 가이드!

현대여성헬스교본
●혼자서 틈틈이, 집에서도 손쉽게, 젊은 피부・매력있는 몸매를 가꾸는 비결집!

현대디스코스텝
●젊은층이 즐겨 추는 최신 스텝을 중심으로 배우기 쉽게 엮은 디스코 가이드!

현대소림권교본
●소림권에 대해 흥미를 가지고 있는 초보자를 위하여 만든 소림권 입문서!

현대태극권교본
●천하무적의 권법으로 알려지고 있는 태극권의 모든 것을 공개한 지침서!

현대당구교본
●정확한 이론과 올바른 자세를 통한 초보자의 기술 향상을 목표로 한 책!

현대유도교본
●작은 힘으로 큰 힘을 제압하는 유도의 진면목을 익힐 수 있도록 편집된 책!

＊ 이상 전국 각 서점에서 지금 구입하실 수 있읍니다.

태을출판사   ＊주문 및 연락처
서울 중구 신당6동 52-107(동아빌딩내)   ☎ 02-2237-5577